vorwärts | buch

BILDUNG:
WARE ODER ÖFFENTLICHES GUT?

Gesine Schwan

vorwärts | buch

© 2011 vorwärts buch GmbH, Stresemannstr. 30, 10963 Berlin. www.vorwaerts-buch.de; Gestaltung: Dirk Bleicker; Satz: Dresdner Verlagshaus Technik GmbH; Druck: Bosch-Druck GmbH; Autorenfoto: Dirk Bleicker. Jede Form der Wiedergabe oder Vervielfältigung, auch auszugsweise, erfordert die schriftliche Zustimmung des Verlages.

ISBN 978-3-86602-799-2

Einleitung

„Aufstieg durch Bildung!" Kaum ein Aufruf hat die Sozialdemokratie in ihrem Ursprung so motiviert und befeuert wie dieses Versprechen! Heute hat dieses Versprechen allerdings – nach Jahrzehnten von Bildungsreformen (der Plural ist bewusst gewählt!), an denen Sozialdemokraten maßgeblich beteiligt waren – seine Überzeugungskraft verloren. Bildung hat nicht zu einem allgemeinen Aufstieg geführt, sondern ist in Deutschland in den letzten Jahrzehnten wieder zunehmend und mehr als in anderen europäischen Ländern abhängig von der sozialen Herkunft. Die ca. 80 000 jungen Menschen, die jährlich die Schule ohne Abschluss verlassen – das sind 10 Prozent eines Jahrgangs –, kommen aus sozial „niederen" Verhältnissen – mit und ohne den berühmten „Migrationshintergrund". Müssen wir also das traditionsreiche Versprechen heute aufgeben? Handelt es sich in der Sache um ein falsches, irreführendes Ziel? Sollten wir einen neuen Slogan finden? Oder ist die Enttäuschung die Folge einer falschen Bildungspolitik?

Die Antwort will wohl bedacht sein! Denn viele Menschen hängen an der Hoffnung des Aufstiegs durch Bildung, viele möchten mit ihr gegen die neu entstandenen sozialen Diskrepanzen die sozialdemokratischen Wurzeln wieder beleben. Und worauf sollten wir sonst für den Aufstieg setzen? Oder lenkt das Ziel „Aufstieg" selbst uns in eine falsche Richtung?

Vielleicht lohnt es sich, einige historische und systematische Annahmen, die in dem traditionellen Versprechen stecken, zunächst deutlich zu machen. Das kann unseren Blick auf Ähnlichkeiten und Unterschiede zwischen der Ausgangssituation der Sozialdemokratie im

19. Jahrhundert und heutigen Bedingungen für eine gelungene Bildung lenken. Und klären helfen, auf welche Wege und Abwege uns die Bildungsreformen in der zweiten Hälfte des 20. Jahrhunderts geführt haben. Meine folgenden Überlegungen dazu sind allerdings als bewusst subjektiver und pointierter Diskussionsvorschlag gedacht, nicht als lückenlose historische Darstellung.

Ursprünge sozialdemokratischer Bildungspolitik

Sozialen Aufstieg zu fordern lag nahe für Menschen, die an der unteren Skala der sozialen Hierarchie lebten. Das war eine auf der Hand liegende Folge des zunächst rechtlichen, dann politischen Gleichheitspostulats, das aus der Französischen Revolution hervorgegangen war. Und die Anhänger der Sozialdemokratie befanden sich eher am unteren Ende der sozialen Skala. Das Aufstiegsversprechen war also ihren Wählern und Anhängern auf den Leib geschrieben. Es setzte im Übrigen auf die Chance individueller Anstrengung, verband damit freilich auch die Forderung nach strukturellen Veränderungen des Bildungssystems, um der Gleichheitserwartung gerecht zu werden. Es war also eingebettet in eine Solidaritätsidee, die zunächst die Unterprivilegierten umfasste, aber auch als Vision für die zukünftige Gesellschaft galt. Im Wesentlichen ging es bis zum Godesberger Programm darum, rechtliche und finanzielle Hindernisse gegen gleiche Bildungschancen zu überwinden. Individuelle Leistung gegen Privilegien.

Begleitet war dies von einer selbstverständlichen Wertschätzung „bürgerlicher" Bildung und Kultur, die nicht durch eine spezifisch sozialdemokratische abgelöst werden sollte, sondern die sich Arbeiter und Arbeiterinnen neben ihrer Berufsausbildung aneignen wollten, um zu einem vollen Bürgersein – im Sinne des citoyen, nicht des bourgeois – zu gelangen. Goethe und Schiller, die Meisterwerke der Musik und der Malerei waren ein kostbarer Schatz, den sich auch die Anhänger der Sozialdemokratie erschließen wollten.

Dabei suggerierte der Begriff „Aufstieg" – und das gilt bis heute – eine Gesellschaft, in der es auch auf Dauer ein „Oben" und ein „Unten" gibt. Man konzentrierte sich gleichsam selbstverständlich darauf, nach oben zu kommen. Ob das allen in gleicher Weise gelingen mochte oder ob der Forderung nach Gleichheit durch soziale Mobilität Genüge getan sein würde, wenn jeder auf–, aber eben auch absteigen könnte, war und ist bis heute unklar. Wobei Sozialdemokraten bzw. die weiter reichende Arbeiterbewegung neben dieser pragmatischen Offenheit in Sachen soziale Mobilität doch auch von den utopischen Ideen einer „klassenlosen" oder zumindest „brüderlichen" oder „geselligen" Gesellschaft lebten und träumten, auch von einer anarchistischen, in der es nicht „drunter" und „drüber", sondern ohne „unten" und „oben" zugehen sollte.

Ralf Dahrendorf hat in seiner frühen Schrift „Pfade aus Utopia" Argumente dafür vorgetragen, dass eine solche Herrschaftslosigkeit Stagnation und Konfliktlosigkeit bewirken und daher dem gesellschaftlichen Fortschritt entgegenstehen würde. So zog er eine theoretische Unterscheidungslinie zwischen der liberalen und der sozialdemokratischen Tradition, die sich in der Wirklichkeit aber oft miteinander verbanden.

Immerhin bleibt festzuhalten, dass der soziale Aufstieg zwar soziale Mobilität fordert, dabei aber das Bild einer Gesellschaft transportiert, in dem es weiterhin eine Unterscheidung zwischen „unten" und „oben" gibt. Das ist wichtig, weil damit zumindest indirekt ein Hinweis auf die Art der darauf gerichteten Bildung gegeben wird. Es ist ein Unterschied, ob wir durch Bildung eine Gesellschaft in Vielfalt mit einer prinzipiell gleichen Wertschätzung und Machtstellung der Individuen und

Gruppen anstreben oder – gerade vor dem Hintergrund der Bildungspolitik der letzten 20 Jahre – eine solche, in der es vor allem auf die Förderung von Eliten, also von „Oberen" ankommt.

Damit ist schon ein weiterer systematisch wichtiger Gedanke angesprochen: Jedes Bildungsverständnis setzt die Vorstellung einer idealen Gesellschaft einerseits, von Grundannahmen über den einzelnen Menschen, über seine Bestrebungen und Motive andererseits voraus. Das für später.

Nach dem zweiten Weltkrieg konzentrierte sich sozialdemokratische Bildungspolitik in der Tradition der Schulreformer der 1920er-Jahre vor allem auf das Ziel, das langfristige gemeinsame Lernen institutionell zu sichern. Der frühen sozialen Teilung der Gesellschaft als Folge des dreigliedrigen Schulsystems und der früh beginnenden Gymnasialstufe wollte man durch eine möglichst ausgedehnte gemeinsame Grundschulzeit begegnen. Es gab ein klares Bewusstsein dafür, dass Bildungs-, insbesondere Schulstrukturen die späteren sozialen Chancen und Teilungen deutlich vorprägen und geschichtliche Privilegien transportieren können, jenseits individueller Leistungen und Begabungen. Das Ergebnis dieser Auseinandersetzung markierte sich in der westdeutschen Bundesrepublik über Jahre hinweg in den länderspezifischen Unterschieden zwischen der vierjährigen und der sechsjährigen Grundschule, die Sozialdemokraten in der Regel ihren konservativen Kontrahenten als Kompromiss abgehandelt hatten.

Im Zuge dieser Bildungspolitik wurde auch Wert auf die pädagogische Dimension der Persönlichkeitsentwicklung über eine reine Wissensvermittlung hinaus gelegt, einschließlich der Beachtung individueller Entwicklungsunterschiede von Kindern. Diese Einsicht ist bis heute in den Grundschulen prinzipiell besser verankert als in den verschiedenen Schultypen der Sekundarstufe nach der Grundschule. Sie bietet einen Anknüpfungspunkt für die aus heutiger Erfahrung gebotene Individualisierung von Lern- und Bildungswegen, auf die noch einzugehen ist.

Eine markante neue Periode der Bildungsreformen setzte in den 1960er-Jahren des zwanzigsten Jahrhunderts ein, als Antwort auf den von Georg Picht ausgerufenen „Bildungsnotstand" der Bundesrepublik und auf autoritäre Erbschaften des Nationalsozialismus. Sie konzentrierten sich vor allem auf den Hochschulbereich, betrafen aber auch generell die Überwindung sogenannter autoritärer Pädagogik und des dreigliedrigen Schulsystems durch die Einführung der Gesamtschule.

Die mit der Chiffre 1968 angesprochenen Reformen, die weitreichende kulturelle Konsequenzen hatten und sehr unterschiedliche Tendenzen umfassten, sind bis heute in der Sozialdemokratie, vor allem aber darüber hinaus in der Gesellschaft heftig und emotional umstritten. Sie können hier nicht detailliert beschrieben oder interpretiert werden. Aber man kann sie auch nicht übergehen. Sie markieren mit der Demokratisierung der Hochschulen im Rahmen einer allgemeinen Politik der „Demokratisierung gesellschaftlicher Teilbereiche" – Willy Brandts „Mehr Demokratie wagen!" – eine wichtige Dimension sozialdemokratischer Bildungspolitik, und blieben zugleich bis zum Ende kontrovers. Die in den 1980er-Jahren anhebende „Reform der Reform" begründet sich zum Teil mit Bezug auf diese vorangegangenen Kontroversen und ist deshalb ohne eine zumindest skizzenhafte Erinnerung an 1968 schwer nachvollziehbar.

Das ominöse Jahr 1968 wird von Historikern mit plausiblen Argumenten nicht als Beginn, sondern als Folge von Modernisierungstendenzen interpretiert, die bereits zu Beginn der 1960er-Jahre eingesetzt hatten. Es kristallisiert aber wie in einem Prisma eine breite Palette von bildungspolitischen Zielen, denen immerhin gemeinsam war, Bildung, Gesellschaft, Wirtschaft und Politik in einem systematischen Zusammenhang zu sehen. Bildungsreform sollte Speerspitze von sozialen und politischen Reformen sein, die die Demokratisierung der Gesellschaft anpeilten. Konservativer, restaurativer, zum Teil antidemokratischer Ballast sollte abgeworfen werden. Die Bundesrepublik stand unter dem studentischen Verdacht, unter Führung einer großen Koalition von Christ- und Sozialdemokraten, speziell des angesehenen sozialdemokratischen Justizministers (und späteren Bundespräsidenten) Gustav Heinemann eine Notstandsgesetzgebung zu verabschieden, die noch latente „faschistische Traditionen" frei zu setzen und die junge deutsche Demokratie autoritär zu konterkarieren drohte.

Hier demonstrierten u.a. junge Sozialdemokraten gegen sozialdemokratische Minister, und im weiteren Verlauf kämpften an verschiedenen bildungs- wie gesellschaftspolitischen Fronten in vorderster Linie Sozialdemokraten gegeneinander. Heftige Streitpunkte waren das kapitalistische Wirtschaftssystem in seinem Spannungsverhältnis zur Demokratie, die Kontinuität nationalsozialistischer Eliten und autoritärer Traditionen in der westdeutschen Bundesrepublik, die Akzeptanz des politischen und kulturellen Pluralismus und des Toleranzgebotes, die „Rechtmäßigkeit" von Gewaltanwendung, die Einschätzung des hegemonialen Gegensatzes von USA und Sowjetunion bzw. von Kommunismus und Demokratie und die zunehmende Diskrepanz zwischen Erster und Dritter Welt (die kommunistische Zweite war dabei weniger im Blick).

Wissenschaftsgeschichtlich ging es vor allem in den Sozialwissenschaften um eine Rehabilitierung von Marxismus und Psychoanalyse – deren vor allem jüdische Vertreter vom Nationalsozialismus in die Emigration getrieben worden waren – und im Weiteren um nationalsozialistische Erbschaften im deutschen Wissenschaftsbetrieb. Die Auseinandersetzungen verliefen oft aggressiv und einschüchternd, eine Wissenschaftskultur argumentativer Auseinandersetzung hatte es schwer, sich Raum zu schaffen.

Bis heute stehen sich in der Sicht auf 1968 gegensätzliche Interpretationen gegenüber: Die Palette reicht vom „Werteverfall", der dadurch eingetreten sei, bis zur Liberalisierung und Demokratisierung der deutschen politischen Kultur, die sich nachhaltig positiv ausgewirkt habe.

Wichtig für die Einschätzung der Bildungsreformen war der Umstand, dass in dieser Zeit – anders als seit dem Beginn der 1990er-Jahre – ganz ausdrücklich der systematische Zusammenhang von Bildung, Gesellschaftsform und politischer Verfassung unterstrichen wurde, der seit der Antike bei allen großen Bildungsentwürfen – von Platon bis Rousseau – im Blick war. Die Kehrseite dessen aber war 1968 eine kämpferische, vielfach dogmatisch-marxistische Aufladung aller Reformschritte. Sie überschätzte deren kurzfristige politische Wirkung, provozierte umgekehrt zugleich heftige Gegnerschaft. Denn wer die Reformen unterstützte, von dem wurde eine weitreichende, um nicht zu sagen potenziell totalitäre Folgebereitschaft in Bezug auf alle zugleich damit angepeilten gesellschaftlichen und politischen Ziele eingefordert. Umgekehrt wurde häufig Kritik im Einzelnen zu totaler Feindschaft aufgeblasen. Ein Klima der Intoleranz begleitete die heftigen Auseinandersetzungen und diskreditierte für viele die zugrundeliegenden Reformideen.

Bis heute kann man dies an der ideologischen Belastung des Begriffs „Gesamtschule" ablesen. Und an der weltanschaulichen Aufladung, die die politischen Auseinandersetzungen um das dreigliedrige Schulsystem in Deutschland begleitet. Wobei freilich nicht unterschätzt werden sollte, dass heute, zumal angesichts einer hochgezüchteten Kultur der Konkurrenz und des Ehrgeizes, auch wieder handfeste Interessen an der Verteidigung von Privilegien dabei im Spiel sind. Die harsche Abwehr der sechsjährigen gemeinsamen Grundschule durch eine überaus erfolgreiche Hamburger Bürgerinitiative vermag ich nicht anders zu erklären.

Im Laufe der überaus kontroversen Reformen von 1968 verlor die SPD ihr Monopol als organisatorische Repräsentantin der politischen Linken, für die sie in Kooperation mit den Gewerkschaften bis dahin gesprochen hatte. Die in den 1950er-Jahren verbotene KPD hatte wegen ihrer offensichtlichen Abhängigkeit von der DDR keinen nennenswerten ideellen oder politischen Einfluss, und die später gegründete DKP blieb aus denselben Gründen auf kleine Zirkel beschränkt. Die wichtigsten Neugründungen waren nach 1968 die Partei der „Grünen" und überhaupt – gleichsam als deren Kontext – seit den 1970er-Jahren „neue soziale Bewegungen", aus denen die „organisierte Zivilgesellschaft" der Gegenwart hervorging. Thematisch stand zunächst weniger die Bildungs- als die Umweltpolitik im Mittelpunkt.

Wichtig für die Bildungspolitik aber war eine soziale Differenzierung der Anhängerschaft von „Grünen" und sozialen Bewegungen einerseits und der Sozialdemokratie andererseits. Der soziale Einzugsbereich der „Abspaltungen", die viele Sozialdemokraten (manche bis heute) als politisch illegitime Kränkungen empfanden, war vornehmlich ein neues Bildungsbürgertum, nicht die klassische Arbeitnehmerschaft. Das hatte auf die Sozialdemokratie Auswirkungen: Ihr blieb nun als Hauptaufgabe, zugunsten der bildungsfernen Schichten gegen Bildungsprivilegien zu kämpfen und sich als Repräsentantin der Arbeitnehmer, z. B. auch ihres selbstverständlichen „Aufstiegs"-Wunsches zu begreifen.

Das Ziel dieser Politik, vor allem Chancengleichheit zu erreichen, bekräftigte die traditionelle sozialdemokratische Konzentration auf den Staat als wichtigsten Akteur der Politik im Allgemeinen und der Bildungspolitik im Besonderen. Das führte zu einem latenten Spannungsverhältnis gegenüber den grünen Konkurrenten auf der Linken, die eher jenseits staatlicher Reformen auf Bürgerinitiativen setzten und denen neue bürgerliche, nicht primär auf Chancengleichheit gerichtete Prioritäten unterstellt wurden. Das gilt vielfach bis heute. In diesem Sinne standen auch die zivilgesellschaftlichen Initiativen einschließlich z. B. von Schulen in freier Trägerschaft bei vielen Sozialdemokraten unter dem Verdacht, den öffentlichen Bildungsauftrag – Bildung als öffentliches Gut – zu verraten und nur für eine privilegierte „Kundschaft" tätig zu werden. Umgekehrt erschien die Sozialdemokratie ihren grünen Kritikern häufig als Vertreterin staatlich-bürokratischen und zudem fantasielosen Machtanspruchs.

Dies umso mehr, wenn sie sich emphatisch als Vertre-
tung der Arbeitnehmer als der sozial Unterprivilegierten präsentierte und an deren spezifische Einstellungen
und Interessen appellierte. Diese waren, das hatten die
soziologischen Untersuchungen zum Arbeiterbewusst-
sein seit den 1950er-Jahren gezeigt, eher konservativ, ja
zuweilen autoritär ausgerichtet, und das nicht nur in
Deutschland. Während Arbeiterbewegung und Sozialdemokratie in ihrer Entstehung im 19. Jahrhundert wie
selbstverständlich geistige Offenheit, Fortschritt und
Avantgarde repräsentierten, gerieten sie in der zweiten Hälfte des 20. Jahrhunderts insbesondere in der Bildungspolitik in den Augen vieler in eine „staatlich-auto-
ritäre" Ecke, in der Vielfalt, Fantasie, Individualität und
Experimentiergeist zugunsten bürokratischer Sturheit
verloren gingen.
Diese Entwicklung ist vor dem Hintergrund dessen zu sehen, dass Arbeiterbewegung wie Sozialdemokratie ihre
Macht und ihren Einfluss historisch der Bereitschaft und
Fähigkeit zur solidarisierenden Organisation verdankt
hatten. Anders als beim Besitz- und Bildungsbürgertum,
das über erhebliche materielle und ideelle Ressourcen
zur politischen Einflussnahme verfügte, hing die Macht
der Arbeiterbewegung entscheidend von ihrer Organisa-
tionsfähigkeit ab. Die daraus folgende Kultur der Organisation, die um der politischen Schlagkraft willen Diszi-
plin, Parteisolidarität, auch Hierarchiedenken brauchte
oder zumindest begünstigte, kontrastierte mit derjeni-
gen der neuen sozialen Bewegungen, der Grünen bzw.
der organisierten Zivilgesellschaft mit ihren Neigungen
zum Nonkonformismus, zum intellektuellen Streit und
zu bürgerlich-individualistischen Initiativen. Beide Wel-
ten haben sich lange Zeit gegenseitig unter Verdacht

gestellt, der zugespitzt in den Vorwurf der spießigen Sturheit einerseits, des egoistischen Hedonismus andererseits mündete. Trotz der rot-grünen Koalition 1998 haben sich Elemente dieses gegenseitigen Misstrauens bis heute erhalten.

Für die sozialdemokratische Bildungspolitik kam als weitere Herausforderung dazu, dass die sogenannten bildungsfernen Schichten, als deren Anwältin sie sich verstand, sich zunehmend aus Einwanderern rekrutierte, die bei steigender Arbeitslosigkeit von vielen unterprivilegierten deutschen Arbeitnehmern als Konkurrenten empfunden wurden. Sie waren ihnen überdies kulturell fremd und beunruhigten sie. Zwar hatte die Sozialdemokratie seit langem die Idee aufgegeben, dass die westdeutsche Gesellschaft eine Klassengesellschaft sei. Aber Konkurrenz im unteren Bereich der Gesellschaft, die von Ausländern kam, war etwas Neues, das die Liberalität der Arbeiternehmer herausforderte. Bürgerlichen Intellektuellen, die sich zudem auf dem Arbeitsmarkt und in der Wohngegend weniger in Konkurrenz zu den Einwanderern fühlten, fiel „Multikulti" leichter.

Immerhin begriff und akzeptierte die SPD sehr viel schneller als die konkurrierende Volkspartei CDU, dass Deutschland ein Einwanderungsland geworden war. Aber die weitreichenden Konsequenzen für die Bildungspolitik blieben lange ausgeblendet. Erst nach und nach kam der enge Zusammenhang zwischen dem durch die Globalisierung immer deutlicher werdenden Wandel der westlichen Gesellschaften und den Notwendigkeiten einer neuen Bildungspolitik in den Blick. Die weiteren Konsequenzen für die Integration der Einwanderer – die noch immer verschämt „Migranten" genannt werden, so als würden sie in Deutschland nur Station auf ihrer fortgesetzten Wanderung machen und nicht endgültig in unser Land einwandern – sind erst in den letzten Jahren Gegenstand öffentlicher Aufmerksamkeit geworden. Bis heute ist im Übrigen nicht zum allgemeinen Bewusstsein gelangt, dass unsere – und nicht nur unsere! – Gesellschaft infolge der fundamentalen und unumkehrbaren historischen Tendenz der Globalisierung überhaupt in der Herkunft ihrer Mitglieder immer vielfältiger wird. Das hat für die Politik im Allgemeinen und für die Bildungspolitik im Besonderen erhebliche Auswirkungen.

Eine neue Herausforderung: Bildung und Globalisierung

Mit der Erfahrung eines neuen Globalisierungsschubs – die Globalisierung selbst hat ja spätestens mit der Entwicklung der kapitalistischen Wirtschaft in der Neuzeit eingesetzt – sind wir inzwischen in den 1980er-Jahren des vorigen Jahrhunderts angekommen. Dieser Schub hat die Welt schon vor 1989 nicht nur – wie in Sachen Einwanderung – sozial und kulturell, sondern vor allem ökonomisch erheblich verändert: Das Erfolgsrezept der „Sozialen Marktwirtschaft" der alten Bundesrepublik büßte seine Wirksamkeit langsam, zunächst unmerklich, dann aber immer deutlicher ein, weil die Reichweite nationaler Politik infolge der Globalisierung schrumpfte. Die Arbeitslosigkeit stieg unaufhörlich und die Bildungsexpansion seit dem Ende der 1960er-Jahre stieß, nicht zuletzt infolge der steigenden Sozialausgaben, zunehmend auf erhebliche finanzielle Engpässe. Sie wurden immer wieder rhetorisch mit illusionären „Übergangsszenarien" überbrückt, aber bis heute unterminiert die massive Unterfinanzierung die Wirksamkeit erfolgreicher Bildungspolitik dramatisch. Dieses Defizit kann in seiner negativen Wirkung gar nicht überschätzt werden.

Im Hochschulbereich etwa stand einer Steigerung der Studierenden von 5 Prozent auf ca. 30 Prozent eines Jahrgangs zunächst eine kleine Steigerung der Professuren um ca. 7 Prozent gegenüber, die dann aber wieder zurückgenommen wurde. Das wirft ein bezeichnendes Licht darauf, wie wenig der entscheidende Indikator gelingender Bildung ernst genommen wurde: Es entstand seit der Bildungsexpansion ein – schon rein quantitativ – unzureichendes persönliches Verhältnis zwischen Lehrenden und Lernenden, das aber für den Bildungserfolg entscheidend ist. Im Laufe der Jahre wurde das Ziel, dass Bildung als öffentliches Gut vom Staat angemessen finanziert werden muss, jedenfalls in Deutschland praktisch aufgegeben. Stattdessen sucht man bis heute Auswege in privater Finanzierung und in neuen finanziellen Steuerungsmechanismen, die aus der Wirtschaft entlehnt sind – mit weitreichenden, wie ich meine, zerstörerischen Folgen.

Der globale Wettbewerb, aufgrund dessen seit den 1980er-Jahren angeblich alle Priorität darauf gelegt werden musste, dass Deutschland für investierendes Kapital attraktiver wird, wurde zum anonymen, insbesondere vom Privatsektor beschworenen Meister der Verhältnisse und begann, die Regie über immer mehr politische Entscheidungen einschließlich der Prioritäten im Budget zu übernehmen – vor allem für diverse Steuersenkungen zur Verbesserung des „Standorts Deutschland". Damit schmolzen die staatlichen Einnahmen für eine gelingende Bildungspolitik. Dass hinter dieser Interpretation der sogenannten ökonomischen Notwendigkeiten durchaus partikulare Interessen standen, wurde bis weit in die Sozialdemokratie hinein nicht wahrgenommen.

Bildungspolitik war überhaupt seit dem Ende der 1970er-Jahre kein entscheidendes Thema öffentlicher Diskussion oder der Wahlkämpfe mehr gewesen, sie stand hinter sozial- und wirtschaftspolitischen Themen eindeutig zurück. Dies gilt erst recht für deren emanzipatorische und demokratiepolitische Ziele. Erst nachdem die negative Wirkung der Unterfinanzierung immer deutlicher

wurde, seitdem in den 1990er-Jahren die Unternehmer-
seite über mangelnde Ausbildungsqualität der Schulab-
gänger zu klagen begann und wirtschaftsgünstigere Ergebnisse von Bildung und Ausbildung forderte, steigerte
sich deren öffentlicher Stellenwert. Jetzt allerdings ganz
vorrangig als Vehikel für wirtschaftliche Entwicklung,
insbesondere zur Überwindung der Arbeitslosigkeit, die
auch aufgrund der weltweiten Veränderung der Arbeitsteilung und der globalen Konkurrenz zunahm. Stärkung
des Wirtschaftsstandorts Deutschland wurde mit der an-
genäherten Formulierung des „Wissenschaftsstandortes
Deutschland" auch für die Bildungspolitik das zentrale
Ziel. Deutschland war in der Welt des unaufhörlichen,
alles umfassenden und alles beherrschenden globalen
Wettbewerbs angekommen. Und die Bildungspolitik
wurde ihr Spielball.

Dem war seit Beginn der 1980er-Jahre eine schleichen-
de, wenn auch nicht zufällige kulturelle Wende voran-
gegangen, die ganz generell alles Staatliche oder Öffentliche als behäbig bürokratisch und ineffektiv unter
Verdacht stellte und dagegen private Organisation und
Markt als die erheblich effizienteren Institutionen und
Steuerungsprozesse propagierte. Ein Stichwort dafür
war die vom Arbeitgeberverband der Metallindustrie
wesentlich initiierte und teuer finanzierte Kampag-
ne für eine „Neue Soziale Marktwirtschaft", der es im
Wesentlichen um Deregulierung und Privatisierung
öffentlicher Güter, z. B. von kommunalem Eigentum,
und um die weitgehende Ersetzung staatlicher politischer Entscheidungen durch Marktmechanismen ging.
Krankenhäuser, Wasser- und Stromversorgung, Verkehr
und anderes sollten privatisiert und damit effizienter
gemanagt werden. Skandale z. B. bei öffentlichen oder

gewerkschaftsnahen Wohnungsbaugesellschaften boten das „überzeugende" Anschauungsmaterial für das generelle Ziel der Entstaatlichung.

Nicht zuletzt prägte diese neue Priorität von Markt und Privateigentum die Bildungs-, insbesondere die Hochschulpolitik. Hier beginnt zeitlich und in der Sache das Hauptthema dieses Essays: die sozialdemokratische Bildungspolitik der letzten ca. zwanzig Jahre, gerade auch vor dem Horizont ihrer traditionellen emanzipatorischen Aufgabe, unter die Lupe zu nehmen, Fehlentwicklungen zu zeigen und neue Weichen zu stellen.

1989 – das Ende des Ost-West-Konflikts und die Vereinigung Deutschlands – war in dieser Hinsicht nur eine kleine Zäsur, die keine entscheidenden Spuren hinterließ. Das Schulsystem der DDR hatte aus der Schulreformbewegung der 1920er-Jahre die zehnjährige Einheitsschule und Formen der Anbindung an die betriebliche Praxis übernommen. Allerdings waren deren Impulse zu einer wirklichkeitsnäheren und sozial inklusiven Bildung im Korsett der ideologischen Herrschaft der SED weitgehend erstickt. Es macht eben einen radikalen Unterschied, ob eine im Sinne der Chancengleichheit einleuchtende Schul*struktur* unter freiheitlichen oder unter diktatorischen Bedingungen wirken soll, weil die ebenso wichtige Lern*kultur* eben eine ganz andere ist. Das ist der Unterschied zwischen dem auf Freiheit und gleiche Wertschätzung jedes Individuums ausgerichteten Finnland und der DDR unter der Diktatur der SED.

Die politisch-systemische Unfreiheit der DDR hat die Reformimpulse derartig diskreditiert, dass nach 1989 zunächst nichts von diesem Schulsystem in die gesamtdeutsche Wirklichkeit übernommen worden ist. Die später einsetzende, von Pisa beeinflusste kritische Diskussion der westdeutschen Schulwirklichkeit, insbesondere des dreigliedrigen hoch selektiven Schulsystems, die sich anschließenden Vergleiche mit dem erfolgreicheren Skandinavien, die Einsicht, dass längeres gemeinsames Lernen in einem Klima der gleichen Wertschätzung von Vielfalt und der Förderung jedes individuellen Kindes sich auf die Leistungen aller positiv auswirkt, lassen die DDR-Schulen für manche heute in einem anderen Licht erscheinen. Allerdings – mit Ausnahme nostalgischer Sentimentalitäten – nicht so, dass sie unverändert wieder eingeführt werden sollten.

Ziele und Ergebnisse sozialdemokratischer Bildungspolitik bis zum Ende der 1980er-Jahre. Eine Bestandsaufnahme

Bevor ich nun die angekündigte Einschätzung der bildungspolitischen Entwicklung insbesondere der letzten ca. 20 Jahre versuche, sei eine *Bestandsaufnahme der Ziele und Ergebnisse sozialdemokratischer Bildungspolitik bis zum Ende der 1980er-Jahre* gewagt:

Durchgängig hat die Sozialdemokratie versucht, zugunsten des „Aufstiegs durch Bildung" Hindernisse gegen gleiche Bildungschancen abzubauen. Der Blick war auf rechtliche und materielle, kaum auf kulturelle Hindernisse gerichtet. Im Prinzip sollte der Erfolg individueller Leistung gegen jede Art von Privilegierung gesichert werden. Bildung im Sinne bürgerlicher Kultur genoss selbstverständlich an sich, allerdings immer auch als politisches Instrument zugunsten von Demokratie, eine hohe Wertschätzung. Solidarität spielte im Sinne sozialstaatlicher Bildungsunterstützung eine wichtige Rolle, aber nicht immer ausdrücklich als entscheidendes Merkmal der Bildung für eine bessere Gesellschaft. Solidarität war nötig, um gleiche Bildungschancen zu erstreiten.

Der Demokratisierungsgedanke der Partizipation wurde in den Bildungsreformen von 1968 zum herausragenden Ziel. Er stand in der Tradition der Stärkung von Bürgerteilhabe und von demokratischer politischer Kultur. Eingebettet in die heftige Ideologisierung der damaligen politischen Auseinandersetzungen wurde die praktizierte Partizipation allerdings in dieser Zeit zum Teil durch Fanatismus pervertiert und zum Hindernis freiheitlich-pluralistischer Debattenkultur.

Auf diese kritische Erfahrung bezogen sich jene, auch in der Sozialdemokratie, die seit den 1980er-Jahren Teilhabe wieder zugunsten von zentralisierten Entscheidungsverfahren zurückdrängen wollten bzw. verurteilten, weil die Effizienz der Organisation dies angeblich verlangte. Zugleich trat damit das Einüben und Praktizieren demokratischer politischer Kultur – z. B. durch argumentative Auseinandersetzung – als wesentliches Element und dauernde Aufgabe von Bildung und Bildungspolitik wieder in den Hintergrund. Auch das Ziel der Gesamtschule, längeres gemeinsames Lernen gegen frühzeitige soziale Selektionen zu sichern, war durch hohe Ideologisierung und zum Teil schlechte praktische Organisation (z. B. zu große Gesamtschulen) diskreditiert worden, was über Jahre hinweg die Frage nach einer Überwindung des dreigliedrigen Schulsystems tabuisierte.

Insgesamt strebte sozialdemokratische Bildungspolitik immer erneut *institutionelle* Veränderungen an – was als Instrument von Politik naheliegt –, ohne die Dimension der Bildungs- bzw. Lern*kultur*, die psychologischen Voraussetzungen von Lernen, die kulturellen Implikationen von institutionellen Regelungen und die zunehmende Veränderung unserer Gesellschaft in Richtung kultureller Vielfalt ausdrücklich oder zureichend mit einzubeziehen. Diese Aspekte von Bildungspolitik wurden mehr zum Feld der „Grünen" und der Bürgerinitiativen-Konkurrenz auf der Linken, die der Sozialdemokratie Unbeweglichkeit und Staatsfixiertheit vorwarfen.

Die Liberalisierung der Schulkultur, die schon im Zuge der amerikanischen reeducation etwa mit der Schüler-

mitverwaltung einsetzte, wirkte sich immerhin längerfristig gegen physische Strafen und auch zugunsten einer
Argumentationskultur in den Schulen aus. Die neuen
Herausforderungen in Sachen gleiche Bildungschancen,
die seit den 1980er-Jahren aus der beträchtlichen Einwanderung erwuchsen, wurden allerdings nur langsam
erkannt. Vor allem aber unterminierten insgesamt die
gravierende chronische Unterfinanzierung der Bildung
und die zunehmende Diskreditierung des Staates als deren Träger weitgehend die Ziele sozialdemokratischer
Bildungspolitik bis zum Ende dieser Epoche.

Die bildungspolitische Wende in den 1990er-Jahren

Von „Epoche" zu sprechen, scheint mir angemessen, weil die Bildungspolitik, die in den 1990er-Jahren mehr und mehr verfolgt wurde, sich von der vorangegangenen radikal unterscheidet. Ich möchte dies im Folgenden vor allem am Beispiel der Hochschulpolitik zeigen, weil ich mich darin am besten auskenne und weil m.E. das wichtigste Merkmal des radikalen Wandels nicht in einzelnen hochschulspezifischen institutionellen Regelungen liegt, sondern in der *neuen Bildungs- bzw. Steuerungsphilosophie und der ökonomischen und politischen Kultur, aus denen der Wandel hervorging* und die er seinerseits bis heute fataler Weise fördert.

Die bildungspolitische Wende, die ich für eine Fehlentwicklung halte, betrifft also nicht nur die Hochschule und steht – dies ist meine These – einer demokratischen politischen Kultur und damit der Tradition der Sozialdemokratie diametral entgegen.

Es ist nicht leicht, den Beginn und die Ursachen dieses radikalen Wandels genau zu erfassen. Mit dem neuen Globalisierungsschub in den 1980er-Jahren, der vor allem die politisch gewollte weltweite Öffnung der Märkte und deren Deregulierung hervorbrachte, entstand auch ein neues kulturelles Klima: dasjenige der Vorherrschaft des globalen ökonomischen Wettbewerbs als Paradigma der Politik- und Wirklichkeitsinterpretation und daraus folgend als „Totschlagargument" gegen jegliche kritische Betrachtung von Wirtschafts-, Finanz-, Bildungs- und Wissenschaftspolitik. Staaten verloren in der so veröffentlichten Meinung ihre Kompetenz und ihren Anspruch, über die Qualität des Zusammenlebens politisch zu entscheiden. Sie wurden zum Teil ziel- und interessengerichtet öffentlich nur noch als „Standorte" gehandelt, die im Wettbewerb um Investitionskapital gegeneinander zu kämpfen haben. Um dieses durch Steuer- und Abgabesenkungen anzulocken, brachten sie sich nach und nach um ihre materielle Hauptressource: die Steuern. Diese „Politik" galt mehr und mehr als „alternativlos", also politisch nicht mehr legitimer Weise zu bestreiten. Steuern erschienen ausschließlich als Belastung, nicht als Grundlage notwendiger öffentlicher Güter, die auch die Wirtschaft voranbringen und ein demokratisch-solidarisches Zusammenleben der Menschen unterstützen könnten. Öffentliche Aufgaben wurden zurückgeschraubt oder tendenziell privatisiert, für die auch dadurch herbeigeführte Kürzung der Bildungsfinanzierung ging jegliche Besserungsperspektive verloren.

Möglicherweise ist es auf diesen schleichenden kulturellen Wandel zurückzuführen, dass seit den 1990er-Jahren die grundsätzlichen Fragen nach der Aufgabe und Legitimation von Bildung und Wissenschaft für die Demokratie, für eine offene, nicht nur deutsche, sondern global freie, in Würde lebende Gesellschaft von der öffentlichen Tagesordnung, auch der Sozialdemokraten, verschwunden sind. Zum Teil waren sie vielleicht auch durch ideologische Übertreibungen im Zeichen von 1968 diskreditiert und „aufgebraucht". Die allgemeine Aufgabe, dass sich Deutschland wie Europa im globalen ökonomischen Wettbewerb behaupten müssen, wurde jedenfalls stattdessen zur alles beherrschenden wie ein Mantra propagierten Einzelrechtfertigung auch für die Bildung und schloss wie von selbst deren Unterordnung unter die Stärkung der wirtschaftlichen Potenz Deutschlands ein. Wie im Sturm auf hoher See ging es erst einmal ums Überleben.

Unter der Hand war so als – allerdings dauerhafte – neue Ordnung eine Art „Ausnahmezustand" entstanden. In ihm geht die Willensbildung nicht mehr von unten nach oben, sondern umgekehrt. Um ihn zu bewältigen, brauchte man „Reformen", deren Sinn nie ausdrücklich beschrieben oder argumentativ legitimiert wurde. Inhaltlich bezeichnete der Begriff, der in der sozialdemokratischen Tradition in den 1960er- und 1970er-Jahren positive Assoziationen geweckt hatte und für mehr demokratische Teilhabe, Chancengleichheit und soziale Sicherheit stand – eben Willy Brandts „Mehr Demokratie wagen" –, nun das Gegenteil: Rücknahme von Partizipation und sozialer Sicherheit und zunehmende Konzentration auf die Rentabilität des Kapitals. Freilich scheuten sich die Vertreter dieses „Neo-Reformismus", diesen Gegensatz ausdrücklich auszusprechen, geschweige denn zu begründen. Stattdessen nutzten sie die positive Aura des Begriffs als Vehikel für die kulturelle Wende ins Gegenteil.

Gegen die chronische Unterfinanzierung aller öffentlichen Aufgaben wurde von angebotsorientierten Ökonomen zwar die vage Hoffnung suggeriert, mit einer derartigen „reformorientierten", d.h. vorrangig kapitalbegünstigenden Wirtschaftspolitik könnte in der neuen Situation des globalen Wettbewerbs längerfristig doch ein Wirtschaftsaufschwung angeregt werden, der nicht nur die Arbeitslosigkeit reduzieren, sondern auch die öffentlichen Kassen wieder füllen würde. Allerdings blieben die Ergebnisse immer eklatant hinter den Versprechen zurück, so dass niemand mehr an eine finanzielle Besserung für die Bildung glaubte.

Auf diese Situation reagierte auch die sozialdemokratische Politik mehrheitlich nicht mit einer erneuten The-
matisierung von Bildung als öffentlichem Gut, sondern
mit einer allgemeinen Einordnung in die neue kulturelle
Strömung und einem daraus folgenden ausdrücklichen
ordnungspolitischen Wechsel der Steuerungsphilosophie für Hochschulen. Praktisch wurden so erkennbare
Unzulänglichkeiten des Hochschulbetriebs nicht mehr
der Unterfinanzierung, sondern ausschließlich der Ego-
zentrik und Faulheit von Hochschullehrern und der Inef-
fektivität von deren „unprofessionellem" Management
zugeschrieben. Nicht die Unterfinanzierung, sondern
die überkommene Wissenschaftskultur und die Verhal-
tensdefizite der in den Hochschulen Tätigen waren nun
das Problem: die durch 1968 angeblich „verkommenen"
Standards (faule Langzeitstudenten) und eine fortdau-
ernde unverantwortliche Elfenbeinturm-Mentalität der
konservativen Professoren. Um ihnen Beine zu machen,
mussten deshalb Studierende wie Professoren einem
neuen Reglement unterworfen werden. Druck musste
her, um sie zu mehr Leistung anzutreiben. Gegen die
Beamtenmentalität des öffentlichen Dienstes galt die
leistungs- und wettbewerbsorientierte Kultur der freien
Wirtschaft als vorbildlich.
Dabei gab es in der Tat beides: studentischen Schlendri-
an und privilegienbewusste Professoren, die sich wenig
um die Lehre und ihre öffentliche Verantwortung küm-
merten oder vor den überfüllten Hörsälen kapitulierten.
Manche zogen sich in Forschungsnischen zurück oder
bekamen von einer gewogenen Ministerialbürokratie
auf Gutsherrenart Institute bezahlt, ohne erkennbare
wissenschaftliche Leistung zu zeigen. Die Forderung
nach mehr Transparenz und mehr öffentlicher Verant-

wortung der Wissenschaft war also durchaus berechtigt. Nicht berechtigt war der generelle Vorwurf, dass die Defizite der Hochschulen lediglich aus einem falschen Mitteleinsatz vor Ort herrührten, dass sie also mit einem effizienteren Steuerungssystem und einer effektiveren Allokation der Ressourcen auch ohne bessere finanzielle Ausstattung zu beheben wären.

Umgekehrt hätte die Frage ernsthaft geprüft werden müssen, ob eine bessere finanzielle Ausstattung, die der gewollten Bildungsexpansion, also der rapiden quantitativen Steigerung der Studierenden angemessen gewesen wäre, nicht den Verantwortungssinn in Lehre und Forschung zureichend und der Eigengesetzlichkeit von Wissenschaft und Bildung entsprechend geweckt hätte. In kleineren Seminaren etwa ist die soziale Kontrolle von Leistung selbstverständlich effektiver als in überfüllten Hörsälen, wo keiner keinen kennt. Persönliche Beziehungen, das A und O gelungener Bildung, spornen an und machen Lernen zu einer positiven Erfahrung. Gemeinsamkeit, die schon Wilhelm von Humboldt – neben „Einsamkeit und Freiheit" – in der Forschung als wichtige Bedingung gegenseitiger Ermutigung erkannt hatte, motiviert ebenso wie Neugier, aufregende Wahrheitssuche und Erfolg.

All diese Alternativen kamen nicht in Betracht, weil eine angemessene Finanzierung bis heute als illusionär gilt. Deshalb setzte man stattdessen auf die besagte neue finanzielle Steuerungsphilosophie, deren Kern in der forcierten Einführung von Markt- und Wettbewerbsmechanismen liegt. Man baute also auf die Hauptmotivation des Ehrgeizes, bester zu sein bzw. auf die Angst, zu verlieren oder zu versagen. Das waren die neuen entscheidenden Leistungsmotoren, die die Finanzdefizite bis heute wettmachen sollen. Psychologisch eine klassisch autoritäre Reaktion auf der Grundlage einer Realitätsverweigerung. Bis heute mit erheblichen zerstörerischen Kosten. Das Zauberwort für die neue Steuerungsphilosophie hieß „Output-Finanzierung".

Konkret war der „Ausweg", mit dem lockenden Versprechen von mehr Autonomie in Finanzfragen de facto die Verteilung des Mangels und damit die Verantwortung für dessen verheerende Folgen an die Hochschulen zu delegieren. Sie erhielten den Schwarzen Peter für die Defizite. Auf der Basis des imaginierten Modells eines Bildungs-Marktes, nach dem sich Hochschulen in Zukunft zu richten hätten, wurden sie um die weiterhin unzureichenden Finanzen ins Wettrennen gegeneinander geschickt. Das war die schöne Welt der neuartigen Reformen, mit denen die bisherigen Unzulänglichkeiten überwunden und überhaupt Bildungs- und Wissenschaftsleistungen allererst herausgefordert werden sollten. Übrigens nicht nur in Deutschland. Australien war ein Vorreiter dieser neuen Entwicklung.

Auch sozialdemokratische Bildungspolitiker schätzten und betrieben den Wechsel von der Input- zur Output-Finanzierung und zur Einführung von Markt und Wettbewerb als Motivationsvehikel für Effizienzsteigerung und Bildungsfortschritt. Freilich wollten sie zugleich dem Staat seine Macht erhalten. Deshalb sollte den Hochschulen nur scheinbar mehr Freiheit gewährt werden. Fortan würde der Staat über Indikatoren und Kennzahlen deren „Produkte" bestimmen und steuern, um, so hieß es, der demokratischen Legitimation der Finanzierung zu genügen. Freiheit des Globalhaushaltes mit Rechenschaftslegung statt kameralistisch-bürokratischer Abrechnung war die „emanzipatorische" Devise. Aber es ging eben nicht einfach um eine selbstverständlich notwendige „Rechenschaftslegung" über Leistungen der Hochschulen, die diese autonom definiert hätten. Vielmehr wollte die Ministerialbürokratie im Grunde eher mehr denn je das Geschehen in den Hochschulen über Leistungsvereinbarungen, Kennziffern und Wettbewerbe vorab bestimmen und kontrollieren.

Um den Wandel in der Bildungspolitik, der dem weltweiten kulturellen Wandel hin zu mehr Wettbewerb, zu mehr Privatisierung ganz und gar entsprach, in seiner gesellschaftlich und politisch tiefgreifenden kulturellen Dimension zu begreifen, ist es wichtig, seine unausgesprochenen Voraussetzungen und Folgen noch genauer zu betrachten.

Fallen der neuen Steuerungsphilosophie

Eine herausragende Bedeutung für die neue Steuerungsphilosophie hatte der um die Jahrtausendwende noch ungetrübte Glaube an die Vorbildfunktion von Wirtschaftsunternehmen für die Institutionen von Bildung und Wissenschaft. Er führte einerseits zu einer Gleichsetzung von Wirtschafts- und Wissenschaftssystem, ohne dies andererseits wirklich durchhalten zu können. Denn das „Produkt" Bildung bzw. Wissenschaft kann nicht einfach wie eine Ware gehandelt werden, ohne zu degenerieren und in seiner spezifischen Eigenschaft unnütz zu werden. Die Immaterialität ihrer geistigen Substanz, die Tatsache, dass sich Bildung, dass sich geistige Prozesse als „Produkte" nicht einfach „herstellen", dass sich Erfindungen nicht planen lassen – „der Geist weht wo er will" –, die Langfristigkeit ihrer Investitionsvoraussetzungen, ihre durchgreifenden Folgen für das Leben und Zusammenleben der Menschen, all dies unterscheidet das „Produkt" Bildung von Schuhen, Bohrmaschinen oder Internetangeboten. Dabei ist der im Grunde schon unpassende Begriff „Produkt" nicht leichtfertig polemisch gebraucht: Die Hochschulen mussten und müssen bis heute ihren Ministerien im Zuge der neuen Steuerungsphilosophie eine „*Produkt-* und Leistungsbeschreibung" liefern, damit diese deren Arbeit besser kontrollieren können.

Weil der Bildungs-„Markt" kein echter Markt sein kann, nahm und nimmt er verblüffend planwirtschaftliche Züge an. In der früheren, in der Tat kameralistisch ebenfalls gängelnden „Input"-Finanzierung mussten die Hochschulen über die Verwendung der Mittel zwar nach Haushaltssparten genau abrechnen, aber mit Ausnahme von staatsexamensrelevanten Studiengängen konnten sie Lehre und Forschung frei gestalten. Nun soll der „Output", soll die „produzierte" Bildung, die die Hochschulen im Wettbewerb immer erneut steigern und auf die sie sich mit ihrem Globalhaushalt festlegen sollen, möglichst genau und quantifizierbar mit Kennziffern festgelegt werden. Zuweilen ist man an die „Tonnenideologie" kommunistischer Planwirtschaftsexperimente erinnert.

Der Wert des „Produkts" Bildung bzw. Wissenschaft lässt sich aber nicht einfach am Preis und am Marktabsatz messen, weil es einen solchen radikalen „Bildungs-Ware"-Markt nicht gibt. Überdies will der Staat sich eben aus Bildung und Wissenschaft – z. B. um des ökonomischen „Standortwettbewerbs" willen – nicht einfach heraushalten. Deshalb hat sich eine ganze (häufig privat betriebene) Industrie der Evaluation, Zertifizierung und Akkreditierung herausgebildet, die das Ergebnis des Wettbewerbs nicht als Käufer, sondern als neue Bürokratie „wertschätzt". Das absorbiert nicht nur unendlich viele Kräfte, sondern suggeriert auch eine illusionäre „objektive" Eindeutigkeit des Befundes, die dem wissenschaftlichen Geist des ständigen Zweifels („de omnibus dubitandum" hatte uns Descartes empfohlen!) widerspricht.

Da unterschiedliche Bildungs- und Wissenschaftsprodukte nicht „objektiv" über den Preis verglichen werden können, zugleich aber die Fiktion von Markt und Wettbewerb als entscheidenden Institutionen, Leistung hervorzubringen und zu messen, aufrechterhalten werden soll, bekommen die zur „Wertschätzung" eingeführten bürokratischen Instrumente von Kennziffern und Kontrollen ein hohes Gewicht und nehmen absurde Formen an.

Das gilt erst recht für die folgenschwere Einführung geisttötender Rankings, die angeblich „auf einen Blick" die Qualität von Bildungsinstitutionen freilegen. Dass Rankings eine Mobilisierungsmacht innewohnt, weil jeder oben und niemand unten sein will und weil es nun so einfach scheint, die Guten von den Schlechten zu trennen, ist nicht zu bestreiten. Und so setzen ihre Anhänger auch auf diese Skandalisierungsmacht, die angeblich das Motiv auslöst, sich anzustrengen, um besser zu werden. Auch hier geht es nicht mehr um kritische Erwägung der Ranking-Kriterien, erst recht nicht mehr um grundsätzliche Überlegungen über die Aufgabe von Bildung, Schulen und Hochschulen. Vielmehr unterwirft man sich blindlings den vorgegebenen Kriterien, um Reputationskapital in einer Öffentlichkeit und bei möglichen Geldgebern zu gewinnen, die sich über die immer komplizierter werdende Sache selbst kein eigenes Urteil mehr bilden können und deshalb den Rankings ohne weitere Fragen folgen. Ich gebe zu: Als Präsidentin der Europa-Universität Viadrina in Frankfurt/Oder konnte ich mich dieser „Erfolgslogik" auch nicht einfach entziehen, ohne meiner Hochschule Schaden zuzufügen. Freilich gewinnt man aus dieser Erfahrung auch einen Blick für die fast schon professionellen Wege, die Evaluations- und Untersuchungsergebnisse so zu beeinflussen, dass man im Ranking erfolgreich abschneidet.

Die Fiktion des Bildungs-Marktes, auf dem sich das Angebot seine Nachfrage suchen oder sich nach ihr richten muss, hat überdies eine weitere wichtige Konsequenz: Was in Lehre und Forschung produziert wird, ergibt sich immer weniger aus der unabhängigen Suche nach

Wahrheit, nach gemeinwohlorientierten Lösungen dringender öffentlicher Aufgaben oder aus der geistigen Logik von Bildung und Wissenschaft als einem öffentlichen Gut. Nein, die Fragestellungen der Forschungs-, aber auch Bildungsprogramme werden angesichts der schlechten Grundausstattung, und weil man sich dadurch eine Leistungssteigerung verspricht, durch private und öffentliche Drittmittelprogramme „angeregt" und de facto vorgegeben, um die man sich im Wettbewerb bewirbt, wobei auch die öffentlichen Programme z. B. in der EU zum größten Teil durch wirtschaftliche Interessen gestaltet werden, die auf rasche Rentabilität zielen.

Der Wunsch, Wissenschaft und Wirtschaft miteinander möglichst eng zu verbinden, zieht im Übrigen plausiblerweise den nächsten nach sich, die Ergebnisse um des Wettbewerbsvorteils des oder der involvierten Unternehmen willen geheim zu halten. Wissenschaft als bestellte Ware verliert so logisch ihren Öffentlichkeitscharakter. Das kollidiert mit ihrem traditionellen Merkmal, um des Wissens- und Forschungsfortschritts willen öffentlich zu sein. Wissenschaft verliert auch ihre Autorität, weil die Ausrichtung am Gemeinwohl damit aufgehoben wird. Sie verliert schließlich ihren Charakter als nicht einfach Partikularinteressen unterliegendes „öffentliches Gut" und beraubt die Demokratie einer ihrer letzten Autoritäten, die sie doch dringlich braucht.

Humboldt ist aktuell!

Wissenschaft als Ware, die den „Wirtschafts- und Wissenschaftsstandort Deutschland" befördern soll, zerschneidet überdies den Zusammenhang von Lehre und Forschung, d.h. von Bildung und Wissenschaft. An dieser Stelle mag eine Erinnerung an Humboldts Argumente dafür dienlich sein, Forschung und Lehre miteinander zu verbinden, um Bildung *durch* Wissenschaft zu erreichen. Schon die Vorläufigkeit allen Wissens zu achten – es als „etwas noch nicht ganz Gefundenes und nie ganz Aufzufindendes zu betrachten" (Wilhelm von Humboldt, 1957, S. 128) – ist wichtig, um gegenüber der Endlichkeit unserer Erkenntnis die gebotene Vorsicht walten zu lassen. Sie rührt u.a. aus der Vielfalt der Wirklichkeit und der Natur, die von uns auf unterschiedliche Weise angeschaut und untersucht werden sollte, nicht so sehr, um sie von allen Seiten kennenzulernen, „als vielmehr um durch diese Mannigfaltigkeit der Ansichten die eigene innewohnende Kraft zu stärken."

In der modernen Psychologie zur persönlichen Identität hat man erkannt, dass es die eigene Persönlichkeit stärkt, wenn man in der Lage ist, unterschiedliche Erkenntnisse und Wahrnehmungen miteinander geistig zu integrieren und damit die eigenen Potenziale zu entwickeln. Eine goldene Einsicht, wenn man die demokratische politische Kultur durch Bildung fördern will. Denn Demokratien brauchen starke Bürger, die in der Lage sind, sich mit anderen zusammenzutun und auch in einer Vielfalt von Interessen und Perspektiven gemeinsame Lösungen zu finden. Eine stromlinienförmige Verwertbarkeit der Erkenntnisse steht dem entgegen. Auch das Pochen auf die angeblich wissenschaftlich belegte Eindeutigkeit z. B. von technologischen Erkenntnissen, die man zu akzeptieren hätte.

Bildung durch eine sorgfältige, erkenntnistheoretisch selbstkritische Wissenschaft stärkt nach Humboldt die Persönlichkeit, auf deren Individualität, die Ausprägung ihrer jeweiligen Besonderheit, es ihm ankam. „Die letzte Aufgabe unseres Daseins" liegt ihm zufolge darin, dem „Begriff der Menschheit in unserer Person ... einen so großen Inhalt als möglich zu verschaffen" (Wilhelm von Humboldt, 1957, S. 57). Daher die Bedeutung von Mannigfaltigkeit und Individualität im Gegensatz zur nivellierenden Wiederholung von immer Gleichem. Eigenständiges Forschen gehört dazu, weil durch „untersuchendes Denken mehr Selbstständigkeit, mehr Festigkeit" entsteht, im vertrauenden Gläubigen dagegen „mehr Schwäche" (Wilhelm von Humboldt, 1957, S.40). Geistesfreiheit bewirkt innere Sicherheit, und die ist nicht nur für einige wenige wichtig oder möglich, sondern für alle. Wer das nur einer kleinen Gruppe zutraut, spricht den anderen, das betont Humboldt, ohne jedes Recht das Menschsein ab. (Ebd., S. 41f)

An diese Warnung möge man denken, wenn man heute etwa in der Unterscheidung zwischen Bachelor- und Masterstudiengängen meint, das Forschen solle erst mit dem Master beginnen, in der Zeit des Massenstudiums müsse man eben auf Humboldts Ideale verzichten. Erst recht gelte dies für vor- und außeruniversitäre Bildungseinrichtungen. Diese Folgerung wird nirgends ausdrücklich begründet, sondern folgt de facto ausschließlich aus dem Finanzmangel. Denn niemand weiß, welches Bildungspotenzial in Menschen steckt, denen forschendes Lernen verweigert wurde. Angesichts dessen ist es zumindest geboten, sich die Folgen eines solchen verkürzten Bildungsverständnisses klarzumachen: Man schwächt damit die jungen Menschen, macht sie mithin auch zu schwachen Bürgern in der Demokratie, zu „Mitläufern". Ich komme im Abschnitt über neuere neurowissenschaftliche Erkenntnisse darauf zurück.

Die heutige ökonomisierte Forschung jedenfalls hat diese schädlichen Folgen für die Bildung und für die Gründung einer Kultur starker Bürger völlig aus dem Blick verloren. Dabei sei zugegeben, dass Humboldt selbst forschendes Lernen in der Schule noch nicht für angebracht hielt. Aber nicht, weil er der Mehrheit der Menschen dafür die Eignung absprach, sondern weil sein Lernverständnis gleichsam einen „schulischen" Sockel vorsah, auf den Bildung durch Forschung allererst aufsetzen könnte.

Der Wert, den Wilhelm von Humboldt der Mannigfaltigkeit der Welt und der sich mit ihr auseinandersetzenden Persönlichkeit und Individualität beigemessen hat, gibt uns einen guten Hinweis auf eine weitere Deformation der gegenwärtigen Bildungspolitik und -kultur. Mannigfaltigkeit bedeutet ihm für die individuelle Person, für eine Nation und für die Menschheit als ganze Reichtum. Die Entwicklung dieses Reichtums begreift er als vorrangiges Ziel von Bildung. Die gegenwärtige Kultur des verabsolutierten Wettbewerbs (auf einem künstlichen, fingierten Markt) steht der Entwicklung dieses Reichtums entgegen. In der Regel wird zu seiner Legitimation das Muster des sportlichen Wettlaufs präsentiert, der die Leistung ansporne und leicht messen lasse. Die hier geforderte Leistung ist in der Tat leicht zu messen, weil sie sehr eindimensional ist. Und weil man sich auf sie leicht einigen kann. Es ist die Schnelligkeit. Schon bei komplexeren sportlichen Leistungen nimmt die Eindeutigkeit ab. Man behilft sich dann mit Jurys und einigt sich dabei auf Standards. Vorrang hat ein immer noch begrenztes Leistungsziel, das der Beurteilung nach den jeweiligen Konventionen die Grundlage bietet.

Im Bildungsprozess geht es gerade nicht darum, dass die sich Bildenden alle *einem* Leistungsziel entsprechen sollen, für dessen Erreichung sie um die Wette rennen, sondern dass sie die ihnen innewohnenden *mannigfaltigen* Potenziale entwickeln können sollen. Die Vorherrschaft, ja das Monopol des Wettbewerbs schnurrt diese Mannigfaltigkeit auf einige Dimensionen zusammen und führt bei den Individuen und für die Gesellschaft zu einer drastischen Verarmung. Viele Individuen, die ihre spezifischen Potenziale nicht anbringen können, werden zu Verlierern. Der Gesellschaft als ganzer gehen Potenziale verloren, die sie dringend braucht. Natürlich gibt es Zivilisationsstandards – wie sie etwa die PISA-Studie nennt –, die möglichst alle möglichst gut erfüllen sollten. Aber die Erfahrung zeigt, dass sie insgesamt besser erreicht werden, wenn Kinder nicht im Wettbewerb darauf gedrillt und damit reduziert werden, sondern wenn sie in ihrem Lernen eine solche Stärkung ihrer je individuellen Potenziale und dadurch eine solche Ermutigung erfahren, dass sie dann auch diese Standards besser erfüllen. Konkurrenz verarmt, erst recht wenn sie zum alles bewegenden Motor wird. Und wenn sie die Angst auslöst, immer hinten dran zu bleiben. Ich komme darauf zurück.

Überdies führt Konkurrenz zur Vereinzelung und zur Entsolidarisierung, vor allem wenn sie die gesamte Leistungskultur bestimmt und die Person als ganze, nicht nur einige ihrer Fähigkeiten, erfasst. Die grundlegende Lebensregel heißt dann: Man gewinnt, wenn andere verlieren. „Gemeinsam gewinnen", z. B. durch Kooperation in der Vielfalt, wirkt wie eine absurde Idee. Man kann doch nur *gegen* andere gewinnen! Dass wissenschaftliche Wahrheitssuche oft schwierig ist und verunsichert, dass man deshalb dafür nicht nur „Einsamkeit und Freiheit", sondern auch Gemeinsamkeit und gegenseitige Begeisterung braucht, hat Wilhelm von Humboldt 1810 in seiner Schrift „Über die innere und äußere Organisation der höheren wissenschaftlichen Anstalten in Berlin" bis heute treffend formuliert: „Da aber auch das geistige Wirken in der Menschheit nur als Zusammenwirken gedeiht, und zwar nicht bloß, damit einer ersetze, was dem anderen mangelt, sondern damit die gelingende Tätigkeit des einen den anderen begeistere und allen die allgemeine, ursprüngliche, in den Einzelnen nur einzeln oder abgeleitet hervorstrahlende Kraft sichtbar werde, so muss die innere Organisation dieser Anstalten ein ununterbrochenes, sich immer selbst wieder belebendes, aber ungezwungenes und absichtsloses Zusammenwirken hervorbringen und unterhalten". (Humboldt 1957, S. 126)

Bologna: Fehlentwicklungen im Zeitgeist

Im Kontext der Aktualität von Humboldts Bildungsverständnis erscheint mir eine Einschätzung des sogenannten Bologna-Prozesses erhellend. Zwei Thesen
können die Debatte ein wenig entwirren und zugleich
die Folgen des manischen Wettbewerbsdenkens und
der Ökonomisierung der Hochschulen illustrieren:
1. Auch vor der Bologna-Reform gab es Überfüllung, erheblich zu wenig Geld, soziale Selektion, unübersichtliche, mit Stoff vollgepfropfte Studiengänge. Andere
Missstände kamen hinzu: Viele Studienabbrecher, Langzeitstudenten, nicht genug internationaler Austausch.
2. Der Bologna-Prozess hat durchaus vernünftige Ziele
verfolgt, konzentrierte sich aber immer stärker auf die
(seit Beginn darin ebenfalls enthaltene) Optimierung
der wirtschaftlichen Wettbewerbssituation Europas.
Das hat der Ökonomisierung der Wissenschaft Vor-
schub geleistet. An den aktuellen Missständen ist weniger Bologna schuld, als vor allem die chronische Fi-
nanzmisere, verbunden mit dem seit den 1990er-Jahren
zunehmenden marktradikalen Zeitgeist, der nicht nur
in der Wirtschaft, sondern auch in der Wissenschaft
den Vorrang von Eliten, ganz allgemein der Konkurrenz und damit systematisch Verantwortungslosigkeit
begünstigt hat.
Bologna wollte vor allem einen europäischen kulturellen Hochschulraum schaffen, der internationale Mobilität durch übersichtliche und vergleichbare Studien-
strukturen und Leistungsnachweise erleichtern sollte.
Daher die einheitliche Einteilung in Bachelor/Master-
und Doktorandenstudium. Daher die Leistungszertifi-
zierung durch sogenannte ECTS-Punkte.

Mangelnde Finanzen sowie der Druck einer durchaus interessengeleiteten öffentlichen Meinung hielten die Hochschulen jedoch in Deutschland zugleich an, die Studienzeiten so kurz wie möglich zu halten, insbesondere die Zeit des Bachelors auf nur drei Jahre zu bemessen. Zudem lag auch vielen Professoren angesichts der knappen Mittel daran, die Mehrheit der Studierenden rasch durch die Hochschule zu bringen, um sich dann besser den (für interessanter gehaltenen) „Postgraduierten" zuzuwenden. So wurde es nach der Jahrtausendwende auch durchaus offizielle Politik der Hochschulrektorenkonferenz, nicht nur der Wissenschaftsminister, lediglich eine Minderheit (ca. 40 Prozent) für den Master vorzusehen (in Berlin immerhin 50 Prozent). In der viel zitierten Wissensgesellschaft wurde das Studium damit für die Mehrheit der Studierenden im Vergleich zu früher verkürzt.

Zum Ausgleich dieser Fehlentwicklung wurde unverbindlich auf die Notwendigkeit des lebenslangen Lernens verwiesen. Dass das Ziel der internationalen Mobilität für die Mehrheit der Studierenden gar nicht oder nur noch mit Tricks erreichbar war, weil man in drei Jahren Bachelor, nach denen die Studierenden alles Wesentliche für den Arbeitsmarkt erworben haben sollten, nicht auch noch einen Auslandsaufenthalt unterbringen kann, haben manche früh erkannt und moniert; ohne erkennbare Resonanz in der Öffentlichkeit.

Der Druck, die Studierenden durch ein strikt strukturiertes Studium möglichst jung wieder aus den Hochschulen hinauszubringen, kam vor allem aus der Wirtschaft. Dazu genügte der Hinweis auf die verpönten Langzeitstudenten und Studienabbrecher, ohne die Ursachen dieses Problems genauer zu betrachten. Anstatt die Studienzeit durch eine zureichende Finanzierung der Studierenden und vor allem eine angemessene persönliche Kommunikation zwischen Studierenden und Dozenten zu verkürzen – denn Bildung braucht eben das persönliche Gespräch! –, setzte man mehr und mehr auf strikte Regelung, Kontrolle und Druck auf die Studierenden. Das war auch billiger, allerdings nur kurzfristig, weil die Qualität der Bildung bis heute darunter erheblich leidet. Strikte Kontrolle und Verschulung stehen der Eigenständigkeit des Denkens, der Kreativität und der dringend gebrauchten Innovation nämlich entgegen.

Als Argument für eine möglichst kurze Bachelor-Zeit wurde offiziell angeführt, dass die Kreativität bei Menschen Anfang der dreißiger Jahre nachließe und man in der Wirtschaft kreative, zugleich möglichst flexible Arbeitskräfte brauche. Diese „Flexibilität" hatte nebenbei den Vorteil, dass die jungen Leute in jeder Hinsicht für Arbeitseinsätze disponibel sein könnten, ohne zeitliche oder örtliche Rücksicht auf Familie oder andere menschliche Beziehungen. Freilich gab es schon früh warnende Stimmen, die eine solide Grundausbildung mit Freiräumen für die Studierenden zugunsten ihrer Persönlichkeits- und Urteilsbildung anmahnten.

Soweit Inhalte von Lehre zu beurteilen waren, ging die Zuständigkeit an private (!) Akkreditierungsagenturen, in denen Wissenschaftler und Vertreter der Wirtschaft das Sagen haben, damit das Studium sich auf die Anforderungen des Arbeitsmarktes einstellen konnte. Dass zukünftige Arbeitsmärkte gar nicht abzuschätzen waren, dass es sogar vielleicht darauf ankam, durch die Qualität von Bildung und Ausbildung nachhaltig auf die Gestalt zukünftiger Arbeitsmärkte Einfluss zu nehmen, war kein Gegenstand öffentlicher oder innerwissenschaftlicher Debatte. Wie wichtig diese Einsicht heute ist, werden wir später sehen. Vielmehr drehte sich die Kontrollspirale weiter zur Einführung von Akkreditierungsräten, die über die Akkreditierungsagenturen wachen sollten. Eine Aufblähung der Bürokratie im Namen der marktradikalen Freiheit.

In dieser Konkurrenz suchte jede Hochschule ihren Erfolg in oft sehr spezialisierten Studiengängen, die infolgedessen nicht mehr einfach für „Mobile" von woanders zugänglich waren. Die gegenseitige Anerkennung von Leistungen wurde durch das forcierte Konkurrenzdenken erheblich erschwert. Schließlich musste man sich in der Konkurrenz vor anderen auszeichnen und konnte nicht einfach deren Leistungsanforderungen übernehmen, wenn man besser sein wollte und sollte als sie. Damit alles doch wieder vergleichbar würde, entstand eine Flut von Schriften und Seminaren zur sogenannten Qualitätssicherung. Das atmete immer mehr den Geist einer von Bildung und Wissenschaft losgelösten Bürokratie. Modularisierung, so heißt es in einer Verlautbarung der Kultusministerkonferenz aus dem Jahre 2000, „ist die Zusammenfassung von Stoffmengen zu thematisch und zeitlich abgerundeten, in sich abgeschlossenen und mit Leistungspunkten versehenen abprüfbaren Einheiten". Lässt sich eine Sprache denken, die der Offenheit von Wissenschaft und Bildung mehr widerspräche?

Der Einfluss der Wirtschaft auf die Studienordnungen nahm zu. Die Arbeitgeber zogen in Hochschulräte ein, die die staatliche Aufsicht ersetzen, ebenso wie in die genannten Akkreditierungsagenturen. Das ist einerseits verständlich, weil die Politik Wirtschaftsinnovationen und Arbeitsplätze fördern und damit ihre Ausgaben öffentlich legitimieren will. Aber dadurch werden Forschung und Lehre prinzipiell utilitaristisch instrumentalisiert und für sie ein kurzer Zeithorizont festgelegt, weil sich alles schnell rentieren soll. Da wir nicht wissen können, welche Probleme wir in 30 Jahren zu lösen haben, laufen wir damit Gefahr, uns an unserer zukünftigen Verantwortung zu versehen.

Die ökonomische Instrumentalisierung und die Verabsolutierung des Wettbewerbs als Motor und Kriterium von inhaltlich nicht diskutierten Leistungen verengte (um der erfolgreichen Karriere willen) den Horizont von Lehrenden und Lernenden auf das kleine Feld, das man möglichst als Bester beackern muss, um zur Elite zu gehören oder wenigstens den Übergang vom Bachelor zum quantitativ begrenzten Master zu schaffen. Die Folgen des eigenen Handelns für andere zu bedenken, Kooperation zu pflegen wurde dadurch dysfunktional. Aber der universitäre Geist der gemeinsamen Wahrheitssuche wurde dabei arg verletzt. Auch der Geist der Verantwortung, den wir brauchen, um den globalen Herausforderungen in unserer weltweiten gegenseitigen Abhängigkeit gerecht zu werden. Was tun? Ruhig Vor- und Nachteile der bisherigen Regelungen bedenken und sie neu ausbalancieren.

Im Einzelnen: Prinzipiell sollte der Bachelor um mindestens ein Semester ausgedehnt und ein Auslandsaufenthalt ermöglicht werden. Das ist vor allem wichtig für die Bafög-Regelungen. Um das stupide Wettrennen nach Noten zu überwinden, sollte prinzipiell allen Studierenden ein Masterstudium ermöglicht werden, das wenigstens drei Semester, besser vier dauern sollte. Im Übrigen muss das vernünftige Prinzip der studienbegleitenden Prüfungen nicht in eine Klausurenorgie münden. Die vorgeschlagene „Entschleunigung" würde vor der Dissertation das Studium um ein halbes Jahr verlängern. Angesichts der Verkürzung der Abiturzeit ist dies in einer Gesellschaft, deren Zukunft wesentlich von ihrer Bildung abhängt, durchaus angemessen.

Der Bologna-Prozess kann gelingen, wenn wir ihn von der Ökonomisierung und dem manischen Konkurrenzdenken befreien. Gerade auch bei der notwendigen Förderung der Internationalisierung von Hochschulen und Bildung, wo es kontraproduktive Folgen nach sich zieht. Besonders drastisch und plastisch erscheint dies in dem berühmten Slogan, der für die Internationalisierung der Wissenschaft zum sogenannten „Wettbewerb um die besten Köpfe" aufruft. Abgesehen davon, dass hier Menschen auf ihre Köpfe reduziert werden (was ein sehr eingeengtes Bildungsverständnis verrät), unterminiert dies, ganz im Sinne des Standortwettbewerbs zwischen den Staaten, gerade im internationalen Austausch die Fähigkeit vieler aufstrebender Gesellschaften, sich zu selbsttragenden Demokratien zu entwickeln. Was ist das für ein Bildungsverständnis, dass sich borniert auf ein Land oder einen Erdteil beschränkt angesichts der existenziellen globalen Herausforderungen, die wir nur noch gemeinsam lösen können! Auch hier haben die Wettbewerbsrhetoriker nicht zu Ende gedacht.

Exkurs zur Exzellenzinitiative

Dieses „Nicht-zu-Ende-Denken" ist überhaupt ein Grundmerkmal der bildungspolitischen Fehlentwicklung der letzten zwei Jahrzehnte. Ich möchte sie am Beispiel der „Exzellenzinitiative" erläutern, um von daher Folgerungen für eine allgemeine Wende in der Bildungspolitik zu ziehen. Eine wertvolle Grundlage für die Beurteilung der „Exzellenzinitiative" ist gerade von der Berlin-Brandenburgischen Akademie der Wissenschaften veröffentlicht worden, die Vor- und Nachteile sorgsam abwägt.

Ausgangspunkt der „Exzellenzinitiative" war die mangelhafte Grundfinanzierung der Universitäten. Um aus diesem Mangelszenario das Beste zu machen, sollte es durch eine zeitlich begrenzte, damit überschaubare Finanzspritze wenigstens gelingen, im weltweiten Wettbewerb einigen deutschen sogenannten *Elite*-Universitäten *Sichtbarkeit* zu verleihen. Hinzu kamen bei den verschiedenen Akteuren weitere Motive: Ministerin Edelgard Bulmahn ging es darum, die Universitäten neben den außeruniversitären Forschungsinstitutionen finanziell besser für ihre Forschung auszustatten, andere glaubten, damit – immer eingedenk des Finanzmangels! – die Qualität der deutschen Forschung zu steigern, weil man durch Konzentration des Wenigen auf Wenige, also durch Selektion, mehr zu erreichen glaubte, als durch eine allgemeine Erhöhung der Grundfinanzierung. (Neidhardt, in: Leibfried (Hrsg.)).

Grundsätzlich stand dahinter der Gedanke, dass der thematisch offene Wettbewerb die Stärken deutscher Forscher zeigen und durch Selektion weiter stärken würde, dass man ohnehin auf die Grundidee einer „universalen" Universität verzichten müsste und die einzelnen Hochschulen sich mit dem Mut zur Lücke daher auf weniger Fächer spezialisieren sollten; dass solche Konzentration schließlich den Schlüssel zum Welterfolg des deutschen Wissenschaftssystems im globalen Wettbewerb bieten würde. Im Übrigen sollte die Initiative trotz des Selektionsprinzips doch allen zugute kommen: Mit ihr wollten „Bund und Länder eine Leistungsspirale in Gang setzen, die die Ausbildung von Spitzen und die Anhebung der Qualität des Hochschul- und Wissenschaftsstandortes Deutschland in der Breite zum Ziel hat." (So die Begründung der Exzellenzinitiative zit. nach Friedhelm Neidhardt, in: Leibfried (Hrsg.), S. 56.)

Friedhelm Neidhardt hebt als weiteres Merkmal der Exzellenzinitiative hervor, dass sie einen fundamentalen Paradigmenwechsel der Hochschulpolitik anstrebte. Er zitiert aus ihrer Begründung: „Sie trägt dazu bei, das bisherige ‚Gleichheitsparadigma' durch ein ‚Differenzierungsparadigma' zu ersetzen." Neidhart fügt hinzu: „Dabei geht es, dies wird in den Verlautbarungen allerdings nicht offen angezeigt, nicht nur um horizontale Differenzierungen im Sinne funktionaler Arbeitsteilung, sondern auch, damit verbunden, um vertikale Differenzierungen mit wachsender Ungleichheit in und zwischen den Universitäten." (Ebd., S. 56f)

Das verschleiernde Zauberwort heißt hier „Differenzierung". Es klingt sympathisch nach Ernstnehmen der Unterschiede, und zwar, wie man zunächst annehmen könnte, in ihrer Gleichwertigkeit. Und danach, dass sie gerade darin erkenntnissteigernd wirken. Das könnte sogar der „Breite", also dem Gemeinwohl dienen.

Aber das Gegenteil war und ist in der Exzellenzinitiative gemeint. Ihren entscheidenden Verfechtern geht es um hierarchische Differenzierung, darum, dass man endlich weiß, wer die Besten sind und am besten, dass sie selbst die Besten sind. Das liegt ganz auf der Linie von zwei Jahrzehnten Elite-Fixierung, widmet infolgedessen der Frage, wie denn davon die „Breite" gewinnen soll, keinerlei genauere Überlegungen. Ungleichheit ist angesagt und zur Verschleierung soll sie vorgeblich auch der „Breite" dienen.

Die Idee, die in Wirklichkeit seit langem lästige „Breite" abzuwehren, folgt gemeinhin der Behauptung, dass die Alternative, nämlich die Grundfinanzierung der Universitäten zu erhöhen, nur „Durchschnitt" befördern würde. Mit der Exzellenzinitiative dagegen gibt es jetzt lauter „Eliten" und „Leuchttürme", von denen aus man das Tal kaum noch sieht. Dabei handelt es sich hier möglicherweise gar nicht um wirkliche, sondern nur um eingebildete Spitzen, denen die Mühen der Ebenen nicht mehr zugemutet werden.

Denn was konnte mit dem proklamierten Ziel, auch für die „Breite" positiv zu wirken – einmal wohlmeinend gefragt – gemeint sein? Dass die Eliten allen anderen ein Vorbild geben, damit sie sich danach „weit und breit" richten und anstrengen? Das Ergebnis der ersten Ausschreibung hat gezeigt: Viele haben sich angestrengt, aber nur wenige haben bekommen. Dass immerhin so viele sich bewegt haben, dass die Initiative einen „Mobilisierungsschub" in den Universitäten ausgelöst hat, wird von allen anerkannt, erscheint aber auch als ihr einziges eindeutiges Ergebnis. Dabei war es angesichts der jahrelangen finanziellen Darberei zuvor ganz selbstverständlich, dass plötzliche erhebliche Summen ein enormes Rennen auslösen würden. Das wäre auch geschehen, wenn man den Universitäten die Grundfinanzierung erhöht hätte mit der Auflage, für einen Teil davon einen inneruniversitären Wettbewerb um die Mittel für besondere Initiativen auszuloben. Das wäre eine Förderung von vielen Spitzen in der „Breite" gewesen.

Aber von nur „niedrigen" Spitzen? Und nicht so international begutachtet und bemerkt? Man hätte dann nur die jeweils Besten oder Originellsten oder für die jeweilige Situation der Universität Passendsten herausgefunden, aber nicht die Allerbesten, Alleroriginellsten? Die höchsten Spitzen hätten es nicht geschafft? Warum eigentlich nicht? Weil zu wenig Geld zu verteilen gewesen wäre? Werden die Besten vor allem vom Geld motiviert? Kommt bei den so Stimulierten das meiste heraus? Oder erwartet man vorzügliche Qualität nur von großen Forschungsverbünden, riesigen Apparaturen, die viel Geld verlangen? Sicher, naturwissenschaftliche Forschung ist teuer und braucht viel Geld. Aber hätte man sich nicht freiwillig zusammentun oder gegebenenfalls das Zusammengehen extra prämieren können? Bürgt der Wettbewerb der Exzellenzinitiative wirklich für höchste Forschungsqualität?

Bisher kann man diese Frage noch nicht beantworten. Ob dies jemals der Fall sein wird, steht dahin. Ein Vergleich mit dem schon länger praktizierten, der Exzellenzinitiative ähnlichen britischen System des „Research Assessment Exercise" zeigt, dass man einen Zusammenhang zwischen selektiver Finanzierung der Universitäten und exzellenter Forschung auch nach 20 Jahren Praxis nicht ausmachen kann. In der von Stephan Leibfried herausgegebenen Zwischenbilanz der Berlin-Brandenburgischen Akademie der Wissenschaften stellen Jochen Gläser und Peter Weingart fest: „Erstens wird deutlich, dass es nach mehr als zwanzig Jahren selektiver Finanzierung in den Departments, denen immer wieder international Exzellenz bescheinigt wurde, auch mittelmäßige und schlechte Forschung gibt, während bislang als mittelmäßig oder schlecht bewertete Departments auch exzellente Forschung enthalten. Zweitens wird damit deutlich, dass die hochselektive Finanzierung nur bedingt als Ursache für sehr gute oder weniger gute Leistungen angesehen werden kann." (Jochen Gläser, Peter Weingart, in: Leibfried (Hrsg.), S. 250f.) Der Verzicht auf „Breite" in der Finanzierung war also für die Qualität der Forschung nicht nötig.

Die hohe Selektivität, das andauernde Antreiben durch Wettbewerbe und Evaluationen, die seitenlange Anträge und Rechtfertigungen erfordern und ein umfängliches Kennziffernsystem begünstigen, stehen der Qualität sogar entgegen. Für die Forschung selbst bleibt dabei nicht mehr viel Zeit. Ruhe zum Nachdenken, eventuell für fruchtbare Umwege, gibt es kaum noch. Friedhelm Neidhardt warnt: „Kennzifferregime erhöhen die Wahrscheinlichkeit, dass Betriebsamkeitsnachweise als Erfolgssurrogate gehandelt werden." (Ebd., S. 75)

Oder wie könnte man die positive Wirkung für die „Breite" sonst verstehen? Gewinnen die Universitäten alle durch den „Aufbruch"? Zuweilen wird vermutet, wenn man sich für einen gemeinsamen Antrag einmal zusammengetan habe, setze sich das auch ohne Prämierung des Antrags fort. Empirisch geschieht das in den Ländern, die bereit sind, eine „Ersatzfinanzierung" zugunsten der Verlierer in der Exzellenzinitiative vorzunehmen. Das sind im Zweifel allerdings diejenigen, deren Universitäten auch vorher schon so ausgestattet waren, dass sie einen Wettbewerbsvorteil hatten. In Ostdeutschland liegen sie meistens nicht.

Interessant ist auch, dass die bisherigen Auswertungen der Exzellenzinitiative nur von den Institutionen vorgenommen worden sind, die sie durchgeführt haben: dem Wissenschaftsrat und der Deutschen Forschungsgemeinschaft. Sie haben ihrerseits nur die Gewinnerperspektive befragt, nicht die der Verlierer. Sie haben auch nicht nach unbeabsichtigten Nebenwirkungen gesucht, die ihren Zielen vielleicht im Wege standen bzw. stehen. Unter dem Aspekt, dass zur Qualität wissenschaftlicher Forschung gehört, erkennbare Einseitigkeiten der empirischen Ermittlung zu vermeiden, mutet eine solche Evaluation, gelinde gesagt, merkwürdig lückenhaft an. Es passt aber zum allgemeinen Duktus der Exzellenz-Philosophie, an keiner Stelle nach allgemeinen Kriterien wissenschaftlicher Qualität zu fragen, zu denen m.E. zumindest das Bedenken methodischer und methodologischer Voraussetzungen und das Bemühen um einen möglichst weiten Einbezug von Argumenten und Aspekten gehört, die dem eigenen Anliegen entgegenstehen. Selbstreflexion, gar Selbstdistanz gehören nicht zu ihren Stärken.

Zu diesen hinsichtlich der Langzeitwirkung unbedachten Aspekten gehört auch die nachhaltige Wirkung der Exzellenzinitiative auf die Universitäten und auf das Universitätssystem. Ermittlungen dazu könnten eine Antwort auf die gewünschte „Breite" der Wirkung geben. Schon jetzt zeichnet sich allerdings ab, dass die Lehre z. B. von der Initiative nicht nur nicht profitiert hat, sondern durch sie Nachteile erfährt. Denn die Umschichtungen innerhalb der Universitäten zugunsten der Exzellenz-Anträge gingen vielfach zu Lasten der Lehre, die überdies durch den Reputationswirbel zugunsten der Forschung noch einmal eine Prestige-Abwertung erfahren hat.

Wie soll sich im Übrigen die hochgezüchtete exzellente Forschung „verbreiten", wenn die Forscher möglichst von der Lehre befreit und die jungen Semester mit „Lecturern" abgespeist werden, die gerade keine eigenen Forschungserfahrungen mehr einbringen können, weil sie zu viele Stunden unterrichten müssen? Sie geben notgedrungen Wissen aus zweiter Hand weiter und machen die jungen Menschen nicht mit den „Irrungen und Wirrungen" der originären Forschung vertraut. Gerade diese Erfahrung aber würde ihnen dazu verhelfen, an den Stellen, die sie in ihrem späteren Leben einnehmen werden, ihrerseits durch eine forschende Haltung, die nicht alles hinnimmt, wie es ist, innovativ zu wirken. Und zugleich singt man für den „Wirtschaftsstandort Deutschland" das hohe Lied der Innovation! Zur „Breitenwirkung" also auch hier: Fehlanzeige.

Vielleicht gewinnen aber immerhin die ausgezeichneten Universitäten dazu, da sie doch *Zusatz*finanzierungen erhalten haben? Freilich nicht auf Dauer, aber mit der Erwartung, dass die neuen Forschungszusammenhänge am Ende der Finanzierung nicht einfach verschwinden. Damit geht ihre Fortführung notwendig auf Kosten anderer Teile der Universität, bleibt also nicht dauerhaft *zusätzlich,* was sich allerdings erst in einigen Jahren für alle offenkundig zeigen und zu Konflikten führen wird.

Wie sie gelöst werden, ob wir dann – in der schönen neuen Welt der Fokussierung auf einige Fächer – zerklüftete Universitäten haben werden, mit einigen Schwerpunkten (z. B. zehn Mal Lebenswissenschaften, die jetzt gerade „in" sind) und riesigen Löchern daneben, oder ob dann doch wieder eine inneruniversitäre Nivellierung stattfinden muss, um eine zureichende Interdisziplinarität zu wahren und die Universitäten intern nicht dauerhaft in Gewinner- und Verlierersektionen, gleichsam eine Zwei-Klassen-Wissenschaft zu teilen, steht in den Sternen. So nachhaltig wollte man sich angesichts des Geldsegens dann doch nicht Gedanken machen.

Eine einigermaßen bekömmliche Durchsetzung solcher schmerzhafter Entscheidungen über den Abbau tradierter Universitätsteile zugunsten der Verstetigung von Vorhaben der Exzellenzinitiative würde zumindest intensive universitätsinterne Diskussionen erfordern. Die dafür vorgesehenen Selbstverwaltungsgremien sind allerdings durch die Initiative deutlich entwertet worden. Da zur Organisation der Teilnahme an der Exzellenzinitiative starke Präsidenten und Dekane erforderlich schienen, hat sie die im Geiste des New Public Management schon vorher begonnene Tendenz zur Rezentralisierung und Hierarchisierung der inneruniversitären Entscheidungen noch erheblich verstärkt. Dies wurde von den unbeteiligten Gremien so lange noch geduldet, wie es einen finanziellen Segen zu verteilen gab. Streichungen werden sich dagegen geringerer Beliebtheit erfreuen. „Breite" im Sinne von Demokratisierung ist jedenfalls nicht entstanden, im Gegenteil: Mit Verweis auf die „schwerfälligen 68er-Gremien" hat man versucht, sich ihres Gewichts zu entledigen.

Meine Erfahrung mit den damaligen Gremien ist eine andere als die des letzten Jahrzehnts. Die harten und in der Tat ermüdenden Fronten dogmatischer Ideologisierung von 1968 gehören der Vergangenheit an. Akademische Selbstverwaltungsgremien kosten Zeit, aber sie führen zu einem heilsamen Begründungszwang und in einer Kultur der Argumentation zur Chance einer effektiveren Implementation von Entscheidungen. Universitäten mit guter Forschung und Lehre sind keine Anordnungsbetriebe, sie verlangen Menschen, die sich ihre eigenen Gedanken machen und nicht auf Befehl produzieren.

Und wie steht es mit der „Breite" der Interdisziplinarität? Sie wird für praktisch alle Forschungs-Cluster der Exzellenzinitiative gefordert, auch für die Graduierten-Schulen. So könnte man auf ihre Verstetigung hoffen. Aber angesichts der Schwierigkeit wirklich interdisziplinärer Arbeit hat man sich in der Initiative vielfach auf eine Interdisziplinarität „light" verständigt. Es musste ja relativ schnell gehen mit der Verteilung des Geldsegens. Da im Übrigen die meisten Rankings, die die Reputationsexzellenz ausweisen, fächerbezogen sind, wenn sie sich nicht einfach auf einen Citation Index berufen, ist die Aussicht auf eine nachhaltige Verankerung von Interdisziplinarität nicht groß. Und die Forderung, die Stärken zu stärken, fördert die jeweils „starken" Fächer und mithin die Disziplinarität.

Würde man mit der Exzellenzinitiative eine Verstärkung der Grundfinanzierung einhergehen lassen – was aber ganz der Philosophie der Leistung durch Wettbewerb und Selektion widerspricht –, dann hätten die unzähligen nun zusätzlich qualifizierten Doktoranden und Postdoktoranden nach dem Ende der Zusatzförderung die Chance, als Lehrende an andere Universitäten zu gehen und durch einen besseren Personalschlüssel wenigsten hier „Breite" in der Bildung herzustellen. Auch diesen Übergang hat man aber bisher nicht bedacht, so dass eine Schwemme von hochqualifizierten arbeitslosen Wissenschaftlern zu befürchten steht. Sie sorgt vielleicht für „Breite" in der Arbeitslosigkeit.

Schließlich ist zu fragen, welche Konsequenzen die Initiative für die „Breite" des gesamten Bildungs- und Wissenschaftssystems hat? Friedhelm Neidhardt zitiert in seiner sehr abwägenden Bilanz zustimmend Andreas Stucke, der auf Folgen aufmerksam macht, die aus der generellen Hochschätzung von Drittmittel-Forschung naheliegen. Sie ist von der Initiative noch einmal gestärkt worden. Drittmittel unterstützen häufig kurzfristig ökonomisch verwertbare Forschungserfolge. Das Jagen nach ihnen, die die Bilanz der Universitäten vornehmlich schmücken, kann zu einem „Gemeinschaftsversagen der Wissenschaft insgesamt" führen, das daraus entsteht, „dass die lokale Optimierung des wissenschaftlichen Profils der einzelnen Hochschulen im Sinne marktgängiger Fächer (ungewollt) zu einem Aussterben der kleinen, keineswegs nur geisteswissenschaftlichen Fächer führen kann." Neidhardt schlussfolgert: „Das politisch erklärte Ziel, mit der Exzellenzinitiative die ‚Anhebung der Qualität des Hochschul- und Wissenschaftsstandortes Deutschland *in der Breite* zu betreiben, wäre damit verfehlt." (Ebd., S.73)

Was hat die Exzellenzinitiative gebracht: Viel Betriebsamkeit („Mobilisierung"), viele Anträge und Evaluationen, viele Verlierer, einige Gewinner. Das einzig sichere Ergebnis im Vergleich zu dem, was angestrebt worden war, ist das Hochgefühl derer, die für exzellent erklärt worden sind und die über die längerfristigen und die gesamtgesellschaftlichen bildungspolitischen Folgen nicht nachdenken möchten. Zu einer Exzellenzuniversität zu gehören, aus ihr zu kommen, erspart jede weitere inhaltliche Qualitätsprüfung. Das funktioniert wie bei den Ratingagenturen und folgt demselben Prinzip oberflächlicher Vermarktung, das den Teilnehmern eigenständige Prüfungen und verantwortliches Denken über den Tellerrand hinaus erspart. Ich stimme Richard Münch in seiner Warnung zu, dass die dauernde Forderung nach sichtbarer Exzellenz Wahrheitskriterien schon jetzt durch Aufmerksamkeitskriterien ersetzt. (Ebd., S. 212)

Nicht von ungefähr gibt es auch viele kritische Stimmen aus der „Jungen Akademie" von NachwuchswissenschaftlerInnen der Berlin-Brandenburgischen Akademie der Wissenschaften: die Exzellenzinitiative stärke die Machtfülle von Universitätsleitungen und befeuere deren Steuerungsfantasien, sie befördere falsche Anreize, weil sie intrinsische durch extrinsische Motivationen ersetze (nichts ist wichtiger als Reputationserwerb!), und begünstige kurzfristige Forschungszyklen mit schnellem Ergebnis. Es wäre zu wünschen, dass die Förderlogik wieder der Logik wissenschaftlicher Forschung folge und nicht umgekehrt.

Welche Logik wäre das? Ich habe zu Beginn dieses Exkurses auf die Alternative verwiesen, die Grundausstattung der Universitäten zu erhöhen. Das entscheidende „Argument" dagegen liegt in der Knappheit der Mittel, die auf alle Hochschulen, und sei es nur auf alle Universitäten verteilt, jeder für sich nur wenig erbringen würden. Dennoch bleibt die Grundsatzfrage, ob Qualität eher durch Ungleichheit, Selektion und hierarchisch-vertikale Differenzierung erreicht wird oder nicht umgekehrt durch mehr Gleichheit, Inklusion und Förderung gleichwertig-horizontaler – im Unterschied zu hierarchischer – Differenzierung. Dies ist die grundsätzliche Dimension, die ich anhand der „Exzellenzinitiative" beleuchten wollte, und sie gilt für die gesamte Bildungspolitik. Wird Leistung eher durch Wettbewerb und ausschließende Selektion oder eher durch Kooperation und Inklusion erbracht? Und um welche Art von Leistung handelt es sich dabei, wenn wir von Bildung sprechen?

Leistung durch Wettbewerb in der Bildung?

Historisch hatte der Wettbewerb im Wirtschaftsleben den Sinn, gegen verkrustete Privilegien, etwa des Adels oder der Zünfte, gesellschaftlich nachgefragte Leistungen zu erbringen und soziale Mobilität zu begünstigen. Mit dem Prinzip des ökonomischen Wettbewerbs hat sich das Bürgertum gegen den Adel durchgesetzt. Der entscheidende Ausgangspunkt der positiven Wirkung lag darin, dass leistungsfeindliche Hindernisse abgebaut wurden, um einer prinzipiellen menschlichen Gleichberechtigung Raum zu geben. Der Tüchtige sollte freie Bahn bekommen.

So sahen es auch die Sozialdemokraten des 19. Jahrhunderts noch für die Bildung. Die Benachteiligung von „Begabten" aus einfachen Verhältnissen sollte überwunden, sie sollten auch gegen rechtliche oder materielle Hindernisse aufsteigen können. Das Bildungssystem wirkte zwar u.a. durch schulische Selektionen de facto benachteiligend, es war aber noch nicht ausdrücklich und zielgerichtet darauf ausgerichtet, die soziale Konzentration von Bildung auf bürgerliche Schichten durch Selektion und „knallharten" Wettbewerb zu sichern. *Wettbewerb in der Bildung bewirkt heute aber das Gegenteil von dem, was er historisch in der Wirtschaft erreicht hat.*

Die neue Zielrichtung begann – nicht notwendig als bewusste Strategie – gegen Ende des 20. Jahrhunderts mit dem Widerspruch zwischen der Forderung nach entschiedener sozialer Ausweitung der Bildungschancen einerseits und den viel zu knappen finanziellen Mitteln, die dafür bereit gestellt wurden, andererseits.

Wettbewerb wurde unter dieser Bedingung zum *effektiven Vehikel* dafür, *Bildungschancen* entgegen den offiziellen Bekundungen doch wieder *sozial zu beschränken*, das wenige vorhandene Geld auf diejenigen zu konzentrieren, die durch ihre soziale und mentale (nicht immer materielle) Herkunft die besten Voraussetzungen dafür erfüllten, den Wettbewerb zu gewinnen. Das Vehikel erschien ideologisch sehr geeignet, weil scheinbar schichtenspezifisch „neutral" und einer bürgerlichen „Leistungsgesellschaft" ausgesprochen angemessen. Es stand deshalb lange Zeit nicht im Verdacht, Privilegien zu schützen, wie sie ehedem in der gesellschaftlichen Ablösung des Adels durch das Bürgertum bestanden hatten. Damals hatte es sich um deutlich sichtbare rechtliche und materielle Privilegien gehandelt.

Heute sind die durch die Allgegenwärtigkeit des Wettbewerbsprinzips in der Bildung de facto geschützten Privilegien weniger sichtbar und auch komplexer. Zwar weiß man aus vielen qualitativen u.a. lernpsychologischen Studien besser als früher, wie vielfältig und subtil die Voraussetzungen für erfolgreiches Lernen sind und dass die Hürden dagegen weit über den Geldbeutel der Eltern oder gar rechtliche Schranken hinausgehen. Insbesondere die Frage des Selbstwertgefühls, das sich aus vielen Quellen speist und z. B. schichtenspezifisch, aber auch bei Mädchen und Jungen auf ganz unterschiedliche Weise gestützt wird, spielt hier eine entscheidende Rolle. So gelingt es eben Kindern aus Akademiker-Familien viel eher als Arbeiterkindern, ihrerseits eine akademische Bildung zu erlangen.

Die Angst, ja die Resignation, im weltweiten Wettbewerb nicht mehr bestehen zu können, ist in sozial wenig erfolgreichen Familien verständlicherweise viel größer und überträgt sich auch demotivierend auf die Kinder. Dass ihre „Leistungen", gemessen an den jeweiligen schulischen Standards, dann niedriger ausfallen, kann man leicht nachvollziehen. Aber selbst wenn sie gleichauf liegen, traut ihnen ihre (Eltern- und/oder Lehrer)-Umgebung eine akademische Bildung weniger zu als dies eben bei Akademiker-Kindern der Fall ist. Deshalb bekommen sie oft im deutschen Schulsystem, das frühe Selektion erfordert, schlechtere bzw. „vorsichtigere" Empfehlungen. Hinter ihnen stehen ja nicht ganze Generationen von Juristen, Ärzten oder Pfarrern, die ihnen im Wettbewerbsklima den Rücken stärken, nicht zuletzt mit handfestem Nachhilfeunterricht, der in Deutschland inzwischen zu einem blühenden Wirtschaftszweig geworden ist. Das allein stellt unserem Bildungssystem ein verheerendes Armutszeugnis aus. Ihn auch noch öffentlich zu finanzieren, ist ein großer Skandal!

Kurzum: *Wenn Wettbewerb auf gerechte Weise Leistung prämieren soll, müssen die Ausgangsbedingungen derer, die im Wettbewerb starten, gleich sein. Das sind sie aber nicht. Deshalb begünstigt der Wettbewerb diejenigen, die bessere Startchancen haben. Seine Verabsolutierung schützt in der Bildung soziale Privilegien einer Minderheit und verfestigt gesellschaftliche Hierarchien.* Der letzte Bildungsbericht 2010 verweist auf die zunehmende Kluft zwischen jenen Kindern und Jugendlichen, die die Bildungsangebote erfolgreich nutzen, und jenen, bei denen sich Benachteiligungen kumulieren. *Der Vorrang des Wettbewerbsprinzips in der Bildung trägt – das können wir hier sehen – zur Spaltung unserer Gesellschaft bei.*

Der Idee, dass Wettbewerb in der Bildung Chancengleichheit begünstigt, weil er angeblich ausschließlich

„Leistung" schlechthin belohne, ist auch aus einem anderen Grund der Boden entzogen: Die für die gegenwärtige und zukünftige Gesellschaft geforderten bzw. erforderlichen „Leistungen" lassen sich nämlich nicht mehr so selbstverständlich und übersichtlich definieren wie im kulturell homogenen deutschen Bildungsbürgertum des 19. und beginnenden 20. Jahrhunderts. Es geht nicht mehr nur um Goethe, Schiller, Mozart oder Richard Wagner, auch nicht um eine schichtenspezifische Art, mit der Welt umzugehen. Der frühere bürgerlich-eurozentrische „Bildungskanon" und der dementsprechende Habitus (Bourdieu) stehen in einer ökonomisch und kulturell globalisierten Welt der Sache nach immer stärker zur Disposition. Und damit auch eine nur scheinbar selbstverständliche Idee von „Leistung". Bourdieu hat denn auch gezeigt, dass vielfach bei Bewerbungsgesprächen für hohe Führungspositionen nicht die „Leistung", sondern der vertraute schichtenspezifische „Habitus" die entscheidende Rolle spielt.

Was wofür geleistet werden soll, was warum gebraucht wird, was warum zur Bildung oder zur Ausbildung gehört, ob die Unterscheidung zwischen beiden noch sinnvoll ist – dies alles ist fraglich geworden. Unter anderem, weil die Globalisierung auch in unsere früher homogeneren nationalen Gesellschaften Einzug gehalten hat und die zukünftigen Arbeitsmärkte ganz unübersichtlich geworden sind. Moderne Gesellschaften werden überall zu Einwanderungsgesellschaften und die technologische Entwicklung ist schwer absehbar. Damit kann man auch nicht mehr von unumstrittenen Standards kognitiver, emotionaler oder handwerklicher Fähigkeiten ausgehen, die zum Funktionieren unserer tradierten Gesellschaft gehörten und die man in eine fraglose Wichtigkeits-Hierarchie einordnen könnte.

Wenn aus den angeführten Gründen unklar ist, wie eine verlässliche Wichtigkeits-Hierarchie von Leistungen im ständigen kulturellen und sozialen Wandel und mit Bezug auf die Erfordernisse der Zukunft überhaupt bestimmt werden könnte, liegt es pragmatisch nahe, das vielfältige Leistungspotenzial jedes einzelnen Menschen ohne Vorab-Hierarchisierung so gut wie möglich herauszufordern und zu fördern, damit die Menschen selbst und die Gesellschaft in den jeweiligen Bedarfssituationen, die wir nie vorauszusehen vermögen, darauf zurückgreifen können.

Dazu aber gehört ein Verständnis von Motivation und Befähigung, das sich von der primitiven und zugleich autoritären Idee der Ehrgeizkultur, von der der verabsolutierte Wettbewerb in der Bildung lebt, radikal unterscheidet. Das Wagnis, die eigenen Fähigkeiten, auch wenn sie gerade nicht nachgefragt sind, zu entwickeln, fördert sie nicht. Wer sich überdies nur oder vor allem dann anstrengt, wenn er die Aussicht hat, vor den anderen als beste(r) zu glänzen, wird wenig nach „innen" hören, sich für die Sache interessieren oder für wichtige Herausforderungen einer weltweit interdependenten Gesellschaft. Er wird geradezu darauf trainiert, sich borniert auf die eigenen Interessen zu konzentrieren, vor allem diejenigen, die ihn in der Karriere voranbringen. Das zieht systemisch eine Verantwortungslosigkeit nach sich, weil mögliche negative „Nebenwirkungen und Folgen" des eigenen Handelns zugunsten des eigenen Erfolgs ausgeblendet werden müssen.

Die Ehrgeizkultur entspricht, wie der französische Politiktheoretiker Charles de Montesquieu gezeigt hat, nicht einer republikanischen, sondern einer höfisch-monarchischen Gesellschaft, in der die Adligen vor allem darauf aus sind, sich vor dem König auszuzeichnen, um Geltung und Privilegien zu gewinnen. Eine Republik dagegen braucht, so Montesquieu, die „Liebe zur Gleichheit" der Bürger untereinander, zu ihrem gleichen Recht und ihrer gleichen Würde. Die Ehrgeizkultur dagegen stärkt mein Selbstwertgefühl dadurch, dass andere schlechter sind als ich, dass ich gewinne und die anderen verlieren. Dadurch treten die anderen prinzipiell als Gegner und als Gefahr in den Blick, nicht als mögliche hilfsbereite Bürger in einer gemeinsamen Herausforderung.

Auf die Analogie zwischen den sozialen Folgen der verabsolutierten Konkurrenz und der leitenden Idee des Thomas Hobbes, dass Menschen füreinander Wölfe seien (homo homini lupus), möchte ich hier nur kurz hinweisen. Weil zwischenmenschliche Solidarität aber als Grundlage wohlwollender Kooperation gar keine Chance hat, brauchte Hobbes einen starken zentralistischen und autoritären Staat und durfte keine Gewaltenteilung zulassen, um den Frieden zu erhalten. Mit freiheitlicher, gewaltenteiliger Demokratie hat das nichts zu tun. Und es ist eben auch kein Zufall, dass die wettbewerbsfixierte Exzellenzinitiative die Tradition akademischer Selbstverwaltung entwertet hat zugunsten autoritärer Machtzentralisierung vor allem in den ausgezeichneten Universitäten.

Die Ehrgeizkultur der Wettbewerbsgewinner schafft überdies unvermeidlich und systemimmanent eine große Zahl von Verlierern, deren Selbstwertgefühl sinkt und deren Angst zu verlieren steigt. Damit blockiert sie für eine Mehrheit der Menschen die notwendige Offenheit und die Chancen für ein erfolgreiches Lernen, auf das wir zur Ausbildung unserer Potenziale ein Leben lang angewiesen sind. Auf diese Weise verschleudert sie Potenziale, die wir dringend alle brauchen. Sie zielt auf Aussonderung, wo Inklusion aller dringend erforderlich ist, damit wir unsere Zukunftsaufgaben gemeinsam bewältigen können. Am Beispiel der beruflichen Bildung kann man dies besonders deutlich erkennen.

Krise und Chancen zukunftsorientierter Berufsbildung

Kenner der beruflichen Bildung versuchen seit längerem die Öffentlichkeit darauf aufmerksam zu machen, dass sich Deutschland in einer Krise befindet, die die Zukunft unserer Gesellschaft und unserer Wirtschaft gefährdet. Ein wichtiger Indikator dafür ist die unverantwortlich hohe Zahl junger Menschen, die ihren Beruf ohne Schulabschluss und ohne Ausbildung aufnehmen müssen. Es handelt sich dabei in Deutschland um ca. eineinhalb Millionen Jugendliche. 25 Prozent der Personen ohne Berufsabschluss sind arbeitslos, in den neuen Bundesländern sind es 50 Prozent. Viel spricht dafür, dass sie in Hartz IV landen.

Eine große Zahl von Schulabgängern kommt überdies nicht mehr in eine reguläre Lehre, sondern in das sogenannte „Übergangssystem" – ein Praktikum, eine Berufstätigkeit ohne Ausbildung oder einen reinen Geld-Job. 2008 haben 150 000 Ausbildungsplätze gefehlt. (Heike Solga, 2009)

Unternehmer klagen, dass viele Jugendliche, die sich bei ihnen bewerben, nicht ausbildungsfähig seien. Das trifft sicher oft zu, allerdings weisen sie auch immer wieder Realschulabgänger, nicht nur Absolventen von Hauptschulen ab, weil sie vermutlich sehr schnell rentable Mitarbeiter zu brauchen meinen.

Wie sehr höhere Schulabschlüsse von der sozialen Herkunft der Eltern abhängen, pfeifen inzwischen die Spatzen von den Dächern. Genaue Untersuchungen zeigen, dass nicht nur die ungleiche Förderung der individuellen Kompetenzen im Kindesalter dazu beiträgt, sondern darüber hinaus die häufig „etikettierende" frühe Zuordnung zu weiterführenden Schultypen, die Kinder unterschiedlicher sozialer Schichten voneinander trennen. Diese weiterführenden Schultypen bieten nämlich sehr unterschiedliche Chancen und Anregungen zur weiteren Entwicklung der individuellen Kompetenzen. Wer in der Hauptschule landet, bekommt erheblich weniger Anregungen als eine Gymnasiastin. Gerechtfertigt wird dies damit, dass die jeweiligen Anregungen eben den Potenzialen entsprechen. Aber dafür gibt es keine argumentative Grundlage, weil man die Potenziale erst einschätzen kann, wenn sie eine gleiche Chance hatten, sich zu entwickeln.

Die frühe Aufteilung der Kinder rührt aus der in Deutschland noch vorherrschenden Idee, dass gleichartige Lernmilieus – wenn „Begabte" oder „Förderbedürftige" jeweils unter sich sind – das Lernen fördern. In den erfolgreicheren skandinavischen Ländern hat man dagegen begriffen, dass im Gegenteil Vielfalt der Begabungen das Lernen fördert, weil die Kinder sich gegenseitig in ganz unterschiedlichen Dimensionen anregen und voneinander lernen können – z. B. die intellektuell „hochbegabten" von Kindern mit geistigen und körperlichen Behinderungen. Es geht hier um *Lernen, nicht um Betreuung!* Freilich braucht man dazu unabdingbar genügend gut ausgebildete ErzieherInnen und LehrerInnen. Anstelle autoritär-hierarchisch aussortierender Differenzierung tritt die horizontal gleichwertig integrierende Differenzierung. Die Grundeinschätzung *des gleichen Werts aller Menschen und also auch aller Kinder* – anstelle der Höherbewertung der sogenannten „Besten" – führt zu einer Bildungsphilosophie und -praxis, in der jedes Individuum gleich ernst genommen wird und die Vielfalt der Talente und Potenziale dadurch so gut wie möglich ausgeschöpft werden.

Dass jenseits der homogenitätsorientierten Bildungs-philosophie krude Interessen, die privilegierte soziale Stellung der eigenen Kinder durch frühzeitige Absonderung sicher zu stellen, eine wichtige Rolle spielen, konnte man in Hamburg besichtigen. Der Verzicht auf ein Klima der Konkurrenz und der frühen Zensierung könnte anderen nämlich Chancen eröffnen, vor denen man seine eigenen Kinder ins Sichere bringen will. Für eine weitsichtige Bildungspolitik kommt es aber darauf an, den Blick darauf zu richten, dass wir für die gesamte Gesellschaft, für die gegenwärtigen „Wettbewerbs-gewinner" ebenso wie für die Verlierer eine Win-Win-Situation schaffen, wenn es uns gelingt, durch bessere gemeinsame Bildung eine insgesamt befriedigtere und damit befriedete Gesellschaft zu entwickeln. Dann brauchen wir auch weniger Ausgaben für soziale Sicherung, Krankensysteme und Gefängnisse.

Dafür ist ein Bildungsziel von besonderer Bedeutung, das man traditionell in Deutschland nur höherer Gymnasial- und Universitätsbildung zugeordnet hat: Eigenständigkeit, die Fähigkeit, das eigene Lernen selbst zu organisieren. Nur wer dazu in der Lage ist, kann mit Aussicht auf Erfolg seinen Weg durch die für uns alle unübersichtliche Gegenwart in eine chancenreiche, aber ebenso unübersichtliche Zukunft finden. Nicht das rasche Wiederkäuen von Vorgegebenem, sondern der Mut und die Fähigkeit, etwas Neues für sich selbst und gegebenenfalls für die Gesellschaft zu finden, neue Wege zu gehen – darin besteht Erfolg versprechendes Lernen. Das zeigt die Aktualität von Humboldts „forschendem Lernen". Humboldt glaubte, wie gesagt, dass dies für die Schule noch nicht tauge. Wir erkennen aber heute, dass dieses Prinzip die Bildung vom frühesten Kindesalter an prägen muss, damit die erforderliche Selbständigkeit für die Gesellschaft der Zukunft erworben werden kann. Und damit die viel beschworene Innovationsfähigkeit mehr Chancen bekommt.

Was ist zu tun? Der zukünftige Arbeitsmarkt, auf den hin sich Berufsausbildung orientieren sollte, wird, wie gesagt, immer unübersichtlicher, wegen der unberechenbaren technologischen Entwicklung und des raschen globalen Wandels der Arbeitsmärkte. Oft haben sich Berufe schon erübrigt, wenn junge Leute die Ausbildung für sie abgeschlossen haben. Fragt man nach den Fähigkeiten, die junge Menschen erwerben müssen, um sich erfolgreich im Berufsleben durchsetzen zu können, dann stößt man einerseits auf eine allgemeine Tendenz, dass auf dem Arbeitsmarkt zusätzlich zu praktischem Erfahrungswissen zunehmend die Fähigkeit zu gedanklicher Abstraktion und systematischem bereichsübergreifendem Denken erwartet wird, insbesondere im Dienstleistungssektor. Dementsprechend rekrutieren Unternehmen auch bei Ausbildungsstellen immer mehr Absolventen mit höheren Bildungsabschlüssen, wodurch die dafür früher gängigen unteren Bildungsabschlüsse an Wert verlieren. Das Gewicht zwischen beiden Wissensarten verschiebt sich zugunsten von begrifflich-theoretischem Wissen, auch wenn weiterhin beides gebraucht wird.

Diese Tendenz berührt die für Deutschland charakteristische duale Ausbildung, in der junge Menschen zugleich praktisch in Betrieben und theoretisch in Berufsschulen auf ihren Beruf vorbereitet werden sollen. Nicht nur in Deutschland genießt das duale System hohe Achtung, verdient Anerkennung und hat sich große Verdienste erworben. Es ist allerdings schwerpunktmäßig eher auf Erfahrungswissen ausgerichtet. Die Akzentverschiebung von praktischem Erfahrungswissen hin zu in Zukunft wichtigerer „wissensbasierter" (theoretischer) Bildung zeigt hier einen Reformbedarf an.

Andererseits verläuft die zukünftige Entwicklung des Arbeitsmarktes nicht naturwüchsig in die angegebene Richtung. Wenn man nicht die richtigen Weichen stellt, kann es auch zu einer scharfen Spaltung zwischen hoch qualifizierten und sehr gering qualifizierten Tätigkeiten kommen, mit der Folge einer entsprechend nachfolgenden Spaltung der Gesellschaft. Die bereits jetzt beunruhigenden sozialen Gräben würden sich dann noch einmal drastisch und gefährlich vertiefen. Wir können uns leicht ausmalen, welches zusätzliche Gewaltpotenzial entstehen würde, wollte man die Dinge jetzt einfach laufen und die Unzufriedenheit derer anwachsen lassen, die für sich keine Verbesserungswege mehr entdecken können.

Die Art und Weise, wie wir ausbilden, prägt also die Zukunft unserer Arbeit und unserer Gesellschaft. Für eine demokratische Gesellschaft, in der alle Menschen prinzipiell in gleicher Würde, d.h. mit der gleichen Chance zur Selbstbestimmung leben können sollen – was die Chancen ihres friedlichen Zusammenlebens erhöht! –, kommt es aber darauf an, Produktionsweisen zu vermeiden, in denen Menschen nur als Rädchen im Getriebe, als tüchtige Automaten in einer tayloristischen Arbeitsteilung fungieren können und im Übrigen acht Stunden am Tag hierarchischen Anordnungen gehorchen. Das stünde nämlich im Gegensatz zu ihrer Aufgabe als freier Bürger in einer Demokratie.

Deshalb müssen wir über eine geeignete Ausbildung versuchen, anspruchsvollere Produktionsweisen für möglichst viele Menschen zu unterstützen und zu begünstigen. Denn Unternehmen richten sich in ihren diesbezüglichen Entscheidungen danach, welches Arbeitskräftepotenzial ihnen vor Ort jeweils konkret zur Verfügung steht. Mit schlecht ausgebildeten, unselbständigen Mitarbeitern lässt sich schwer ein Unternehmen gestalten, in dem die Mitarbeiter selbständig und eigenverantwortlich denken und handeln.

Andererseits wissen wir noch nicht, wo, in welcher Art Unternehmen die Auszubildenden später arbeiten werden. Daraus folgt, dass eine zukunftsträchtige Berufsausbildung das Risiko eingehen muss, ohne konkrete betriebliche Arbeitsmarktperspektive Fähigkeiten zu fördern, die sich gegebenenfalls ihre praktischen betrieblichen Anwendungen erst selbst suchen oder schaffen müssen. Ausbildung, Arbeitsmarkt- und Unternehmenspolitik sollten hier im wohlverstandenen langfristigen Interesse möglichst abgestimmt aufeinander zusammenarbeiten. Auch aus diesem Grund brauchen wir eine Ausbildung für junge Menschen, die sie dazu befähigt, ihr eigenes lebenslanges Lernen selbstständig zu organisieren. Nur so können zukünftige Chancen wahrgenommen und Risiken klein gehalten bzw. in ihren Folgen begrenzt werden.

Oberstes Ziel muss es daher sein, ohne Vorurteile jedem Kind von früh an alle Chancen zu bieten, seine vielfältigen Potenziale zu schulen und eigenständig anschlussfähig für weitere Entwicklungen zu pflegen. Das dient nicht nur der jeweiligen individuellen Zufriedenheit – worauf es gerade einer sozialdemokratischen Bildungspolitik ankommen muss, und zwar für die gesamte Gesellschaft, nicht nur für privilegierte Akademiker. Das trägt auch zur Stärkung unserer Wirtschaft bei, deren Kraft nicht zuletzt in ihrer Fähigkeit zu innovativen Antworten auf die Herausforderungen der ökonomischen Globalisierung liegt, denen wir uns wie alle anderen immer erneut stellen müssen. Das Prinzip der Selektion und der Aussortierung, das wir noch überwiegend propagieren und praktizieren, ist dafür Gift!

Zusätzlich zu den inzwischen glücklicherweise allgemein anerkannten Forderungen nach öffentlicher frühkindlicher Bildungsförderung verweist unser Thema hier auf die Dringlichkeit einer weitsichtigen Familienpolitik, die es Vätern und Müttern zeitlich und finanziell ermöglicht, die Familie zu einem vertrauensstiftenden Zuhause zu machen, in dem sich beide Eltern partnerschaftlich um die Kinder, gegebenenfalls um ihre Eltern und Großeltern und nicht zuletzt um sich selbst kümmern können. Das hat erhebliche Auswirkungen auf die zukünftige Gestaltung unserer Arbeitsbiographien, die während der Familienperiode in Bezug auf die Arbeitszeit und die Karrierehöhepunkte entschleunigt werden müssen, wenn die zwischenmenschlichen Beziehungen nicht in der Atemlosigkeit des immer intensiveren Arbeitslebens ersticken sollen. Wir brauchen wieder Zeit für persönliche Beziehungen, und wir müssen den Rhythmus von kindlichem Leben und Lernen respektieren, übrigens auch zum Wohl der Erwachsenen! Dazu gehört die Vision einer partnerschaftlichen Familie als „öffentliches Gut", von der nicht nur eine erfolgreiche Bildung unserer Kinder, sondern weit darüber hinaus der Zusammenhalt unserer Gesellschaft abhängen wird.

Lernen und Innovation

In den vergangenen zwei Jahrzehnten hat die hier verfochtene Bildungsphilosophie und -praxis eine unerwartet eindeutige Schützenhilfe von neurowissenschaftlichen Forschungen erhalten. Sie verweisen auf die Notwendigkeit einer Umkehr in unserer Lernkultur, und das birgt auch für die allseits geforderte Innovation – nicht zuletzt in der Wirtschaft – wichtige Konsequenzen.

Einer der wissenschaftlichen Vorkämpfer auf diesem Gebiet ist Manfred Spitzer, der medizinisch-naturwissenschaftliche, psychiatrische und philosophische Kompetenzen in sich vereint. Auf die Frage, wie es ihm gelingen konnte, drei anspruchsvolle Studien zugleich zu verfolgen und abzuschließen, antwortete er mit den Worten: „Wenn mir jemand gesagt hätte, du musst drei Fächer studieren, dann hätte ich das nie gemacht." (Manfred Spitzer, Lernen. Die Entdeckung des Selbstverständlichen, S. 61)

Damit verweist er auf zwei zentrale Voraussetzungen für intensives und erfolgreiches Lernen: die Freiheit des Lernenden, sich selbst für seine Ziele und Aufgaben zu entscheiden, und die Abwesenheit von Angst.

Unsere Wettbewerbsmanie aber zwingt die Lernenden in ein System und produziert überall die Angst zu verlieren oder zurückzufallen. Mehr und mehr selbst gute Schüler nehmen inzwischen (kommerziellen) Nachhilfeunterricht, um in der Konkurrenz an der Spitze zu bleiben. Manfred Spitzer belegt nun mit naturwissenschaftlichen Experimenten, dass sich Angst und Kreativität ausschließen. Angst – z. B. vor einer heißen Herdplatte – wirkt zwar effektiv, wenn es darum geht,

Verbote und schnelles Abwehr- oder Fluchtverhalten zu lernen. Hier handelt es sich biologisch um ein Lernen im Mandelkern, dessen Hirn-Areal aktiv wird, wenn Gefahr droht. Es ist effektiv, aber rein negativ – man lernt schnell, was man *nicht* darf.

Um offen und kreativ für konstruktives Handeln, z. B. für fantasievolle und chancenreiche Zukunftskonzepte zu lernen, braucht man dagegen eine positive Gestimmtheit und die Freude am eigenen Erfolg. Dabei verhindert Angst nicht nur den Lerneffekt in einem bestimmten Lernakt. Als Dauereinstellung – z. B. als Angst davor, im Wettbewerb zu verlieren – schafft sie einen „kognitiven Stil" (Manfred Spitzer, 2007, S. 164), der zwar erleichtert, einfache Routinen rasch und ohne Abweichung auszuführen, aber nicht Alternativen auszumachen und neue Lösungen zu finden. Das kann man sogar experimentell messen. Eine Gesellschaft, die vornehmlich unter Angst lernt, produziert „festgefahrene" Haltungen, Menschen, die sich verrennen, anstatt sich offen miteinander über mögliche Win-Win-Situationen zu verständigen.

Als Vater von fünf Kindern, die ihm aus ihren Schulen berichten, richtet Manfred Spitzer sich deshalb aufgrund abschreckender Erfahrungen vehement gegen Beschämen und Entmutigen in der Schule und vor allem gegen den Wahn der Konkurrenz. Hier scheint mir ein längeres Zitat sehr aufschlussreich:

„Manche sagen, wir müssen heute mehr Konkurrenz einführen, also mehr jeder gegen jeden. Schüler müssten lernen, wie die Wirtschaft funktioniert. Diesen Geist schon ins Klassenzimmer zu bringen, wäre ganz schrecklich … unser Belohnungssystem springt an, wenn wir kooperieren. Wir sind nicht der Wolf unter Wölfen! Das sind wir zuweilen auch, aber doch nicht als un-

ser Wesen, das sind wir unter bestimmten Bedingungen, zumal dann, wenn wir uns das einreden. Wir irren, wenn wir heute meinen, Konkurrenz fördern zu sollen. Nein, wir müssen viel mehr Kooperation fördern. Kooperation ist uns nichts Fremdes, so in der Art, den Wolf muss man irgendwie zähmen. Wir sind im Kern kooperative Wesen. Ich finde, das ist eine ganz schöne Einsicht, die uns auch die Hirnforschung bringt." (Manfred Spitzer, Lernen. Die Entdeckung des Selbstverständlichen, S. 94)

Das Lernen im Team, in dem sich die Teilnehmer gegenseitig ergänzen, stimulieren und unterstützen, ist erfolgreicher und freudvoller als der Wettstreit der Individuen gegeneinander. Humboldt lässt grüßen! Und es ist eben das Verhalten, das auch in der Berufswelt und in der Wirtschaft zum Erfolg führt. Es befördert Wohlgefühl und Neugier, die der Aufnahme neuer Erkenntnisse und der Entwicklung neuer Einsichten gut tun. Mit Angst, auch vor dem Fehler oder dem Scheitern, gewöhnt man Kindern die Neugier ab.

Umgekehrt ist Freundlichkeit schon seit Aristoteles nicht nur Zeichen einer freiheitlichen politischen Kultur, sondern auch in der Schule Voraussetzung für gutes Lernen, das uns sogar noch dreißig Jahre später instandsetzt, gute Problemlösungen zu finden. Denn auf diese Weise, also ohne Druck, folgen Kinder der natürlichen Tendenz ihres Gehirns, die allgemeinen Regeln hinter den Einzelereignissen aufzuspüren und kombinatorisch auf andere Zusammenhänge anzuwenden, anstatt unter Druck einzelne Fakten zu bimsen.

Genau diese Art von Bildung, allgemeine Regeln zu erkennen, wird im Übrigen – wir sahen dies bereits – auch im nicht akademischen Wirtschaftsbereich immer wichtiger. Wer dem Gehirn seine emotional gut eingebettete Freiheit lässt, seine Arbeit zu tun, der befähigt die Menschen, auch in Zukunft angemessener auf die Welt zu reagieren und sich in ihr zu verhalten.

Aus seinen neurologischen Erkenntnissen folgert Spitzer noch eine weitere wichtige Bedingung für erfolgreiches Lernen: Die zunehmende Verschiedenheit der Kinder in unseren Gesellschaften erfordert mehr denn je ein Eingehen auf ihre jeweiligen Besonderheiten, wenn wir ein optimales Lernergebnis erreichen wollen. Andere Lernexperimente wiederum zeigen die positive Wirkung von ebendieser Verschiedenheit und Vielfalt auf Kreativität und Innovation. Nicht nur, weil – wie Spitzer gezeigt hat – erst das Eingehen auf die jeweilige Individualität erlaubt, den Reichtum des Lernpotenzials auszuschöpfen. Aus anderen Erfahrungen geht hervor, dass ein breites Spektrum an Hintergrunderfahrungen und Assoziationen im gemeinsamen Lernen plausiblerweise die Palette möglicher neuer Kombinationen erhöht und gerade unerwartete Kombinationen neue Wege weisen können, an Schnittstellen etwa zwischen Kunst und Technologie, zwischen Sport und Informatik. Wichtig ist die Bereitschaft, sich Überraschungen zu öffnen und auf Neues einzulassen, anstatt eingefahrene Erkenntnisse abzufragen oder eindimensional im Wettbewerb zu testen.

Da wir überdies nicht nur in der Schule lernen, sondern unvermeidlicher Weise überall – sogar im Schlaf, wie die Hirnforschung zeigt – kommt es für optimales Lernen und für Innovationen etwa im Wirtschaftsleben darauf an, dass die Arbeitsatmosphäre für alle Mitarbeiter zwei zentrale Bedingungen erfüllt: Freiheit als Selbstbestimmung und Abwesenheit von Angst. In Deutschland herrscht noch weit verbreitet und unbewusst ein technokratisches Innovationsverständnis vor, das aus der wirtschaftlich erfolgreichen Gründerzeit um die Wende vom 19. zum 20. Jahrhundert stammt. Hier folgte wirtschaftliche Innovation überwiegend aus technischen bzw. technisch verwertbaren Erfindungen für die Industrie, die durch Chefentscheidungen von oben durch- und umgesetzt wurden. Das entsprach der damaligen Industriestruktur und der vordemokratisch-autoritären politischen Kultur.

Heute sind wir in einem anderen Stadium wirtschaftlicher und technologischer Entwicklung angekommen, in dem es viel mehr als früher auf die Initiative und Erfindungsgabe aller Beteiligten und jeder einzelnen Person ankommt, nicht mehr auf massenhafte Wiederholung von vorgegebenen neuen Mustern. Infolgedessen ist selbständiges Denken der Mitarbeiter, das in Mitbestimmungs-Regelungen seine Wirkung entfalten kann, eine ganz und gar aktuelle innovationsfördernde Forderung. Zwar findet gerade in neuen Informationsverarbeitungs-Unternehmen ein starker Individualisierungsprozess statt, der traditionellen Mitbestimmungs- und Gewerkschaftsverfahren erhebliche Hindernisse in den Weg legt. Aber das heißt nichts anderes, als dass auch die Gewerkschaften innovative Antworten finden müssen. Insgesamt ist es schon verblüffend, wie gut die grundlegenden Werte der sozialdemokratischen Bildungs- und Mitbestimmungspolitik sich durch neurowissenschaftliche Erkenntnisse in der Gegenwart unterlegt finden.

Es gibt also zwei Verengungen eines Innovationsverständnisses, die miteinander zusammenhängen und die wir überwinden müssen: zum einen die häufig scheuklappenartige Konzentration auf den Anwendungsbereich Wirtschaft, obwohl Innovationen doch alle Bereiche unseres Lebens betreffen können. Und zum zweiten

die vorwiegend technologische Sicht mit ihren techno-
kratischen und hierarchischen Implikationen, die den
heute notwendigen durch Fantasie und Vielfalt stimulierten Innovationen nicht genügen. Überdies haben
wissenschaftsgeschichtliche Untersuchungen gezeigt,
dass auch technische Innovationen vom kulturellen
und sozialen Umfeld abhängen, so dass unser Augen-
merk gerade darauf gerichtet sein sollte.

Hier schließt sich der Kreis in der Bildungspolitik. Denn
wenn unsere Lernkultur in den letzten zwanzig Jahren
auf einer Verabsolutierung des Konkurrenzdenkens mit
der daraus folgenden Dauerangst vor dem Verlieren ba-
sierte, dann ist sowohl für die Effektivität von Bildung
als auch für eine Stimulierung von Innovation im kultu-
rell-gesellschaftlichen wie im wirtschaftlichen Bereich
eine radikale Veränderung der Lernkultur nötig, um
selbst technische und wirtschaftliche Innovationen zu
begünstigen.

Bildung als öffentliches Gut:
Ein radikaler Perspektivwechsel tut not!

Eine neue Bildungspolitik verbunden vor allem mit einer neuen Lernkultur ist also nicht nur als Selbstwert für die Entwicklung und das Glück von uns als privaten Individuen angezeigt – was für sich schon wichtig genug wäre –, sie ist auch für den Wohlstand unserer Gesellschaft, unserer Wirtschaft und für die Verbesserung unserer Demokratie von grundlegender Bedeutung. Darin liegt ein entscheidendes Argument dafür, Bildung politisch als *öffentliches Gut* zu bestimmen, das nicht einfach als private Ware entsprechend der Zahlfähigkeit ihrer Käufer gehandelt werden darf.

Damit ist eine allgemeinere Frage angesprochen, die für sozialdemokratische Politik von größtem Belang ist. Nach einer jahrelangen Tendenz, öffentliche Güter zu privatisieren, erscheint es mir jetzt dringend geboten, das Verhältnis von privaten und öffentlichen Gütern neu zu debattieren und zugunsten der öffentlichen Güter zu verschieben. In der politischen Debatte verlangt man in diesem Sinne häufig, den Staat wieder zu stärken. Das ist aus zwei Gründen keine selbstverständliche und auch keine zureichende Folgerung.

Zum einen, weil öffentliche Güter in ihrem Nutzen und ihrer Gestaltung oft die nationalen Grenzen überschreiten: In Europa kann man kaum noch eine rein nationale Energie- oder Klima-, nicht einmal Bildungspolitik betreiben, und Finanz- wie Eurokrise haben gezeigt, dass auch Güter wie wirtschaftliche und soziale Stabilität transnationale Abstimmungen erfordern, die die Grenzen der Nationalstaaten überschreiten. Zum anderen müssen öffentliche Güter nicht notwendig staatlich organisiert werden, wie die Nobelpreisträgerin Ellinor Ostrom in ihren sorgfältigen empirischen Untersuchungen zu Gemeingütern belegt hat. In den letzten Jahrzehnten gab es etwa in der Kommunalpolitik, aber auch allgemein in der öffentlichen Debatte ein starkes Plädoyer für eine sogenannte Senkung der Staatsquote und zugunsten der Privatisierung von vormals öffentlichen Gütern wie Infrastruktureinrichtungen von Gemeinden (Krankenhäusern, der Müllabfuhr, der Energiewirtschaft etc.). Auch Bildung wurde mehr und mehr als privates Angebot gepriesen, und die bereits erwähnte kommerzielle Ausweitung des Nachhilfeunterrichts stellt eine besonders skandalöse Form von Privatisierung der Bildung dar. Das ging oft – aber nicht immer – einher mit einer Ökonomisierung von Bildung im doppelten Sinne: Der Wert bzw. der Ertrag insbesondere von Hochschulen wurde an der positiven Wirkung auf die Wirtschaft gemessen (Abbau von Arbeitslosigkeit, Gründung von neuen Unternehmen) und ihre Effizienzsteigerung wurde nach dem Vorbild von Wirtschaftsunternehmen erwartet und betrieben. Die Folgen dessen habe ich in diesem Essay kritisiert.

Würde der gegenwärtige Trend zur Privatisierung und gleichzeitigen Ökonomisierung fortgesetzt, würden wir immer schlechtere Bildungsergebnisse bekommen – gemessen sowohl an der Effektivität von Bildung und Lernen für das Individuum und seine Fähigkeit, für sich in der zukünftig immer komplexeren Welt eigenständig und verantwortlich seinen Ort zu finden, als auch an der Innovationsfähigkeit von Gesellschaft und Wirtschaft, die wir dringend auch zur Stärkung von Demokratie und allgemeinem Wohlstand brauchen.

Deshalb müssen wir die allgemeine Tendenz zur Privatisierung öffentlicher Güter stoppen und erneut eine

Debatte darüber führen, wo in der Gegenwart sinnvollerweise die Grenze zwischen privaten und öffentlichen Gütern gezogen werden sollte. Eine solche Grenze lässt sich nicht technisch oder rein „wissenschaftlich" ökonomisch bzw. juristisch ziehen. Sie wird immer von Wertungen mitbestimmt (z. B. der Gerechtigkeit als Chancengleichheit auf Bildung) und von Einschätzungen hinsichtlich der Tauglichkeit von Organisationsformen und Institutionen. Hier können wir uns immer irren.

Die Nobelpreisträgerin Ellinor Ostrom hat sich ausführlich mit empirischen Modellen befasst, die die Verfügung über knappe Güter weder staatlich noch privat, sondern auf spezifisch genossenschaftliche Weise erfolgreich regeln. Hier können wir lernen. Wenn ich Bildung als öffentliches Gut bezeichne, dann auch mit der normativen Begründung, dass Gerechtigkeit als Chancengleichheit auf Bildung nicht von der Kaufkraft und der sozialen Stellung der Bürgerinnen und Bürger abhängen darf. Sonst entziehen wir der gleichen Würde aller Menschen als gleichem Recht auf Freiheit und gleicher realer Chance, Freiheit auch auszuüben, den Boden. Ihre Organisation muss allen den Zugang sichern.

Die öffentliche Garantiemacht dafür muss der Staat sein, aber die institutionellen Ausführungen müssen nicht alle in staatlicher Hand liegen, um der Eigeninitiative und der Experimentierbereitschaft möglichst großen Raum zu lassen. Aus diesem Grunde habe ich mich z. B. als Präsidentin der Europa-Universität Viadrina in Frankfurt(Oder) zusammen mit engagierten Kolleginnen und Kollegen jahrelang darum bemüht, die Hochschule in eine öffentliche Stiftung zu verwandeln, um für sie mehr Autonomie bzw. mehr Handlungsfreiheit zu gewinnen. Auch Schulen in freier Trägerschaft spielen hier eine positive Rolle, wenn sie nicht durch Gebühren oder selektive Aufnahmebedingungen den freien Zugang für alle versperren.

Nun ist die institutionelle Ausgestaltung von Bildung ein höchst umstrittenes politisches Terrain, auf dem sich handfeste Interessen an der Wahrung von Privilegien mit komplexen Argumenten hinsichtlich der Bedingungen kreuzen, die für die Realisierung guter, auch experimentell bewährter Konzepte erforderlich sind. Zwei Hürden stehen meinen Grundideen entgegen: Zum einen brauchen sie einen erheblichen Finanzierungsschub, vor allem um zureichend viele und gut genug ausgebildete KindergärtnerInnen, LehrerInnen und ProfessorInnen zur Verfügung zu haben. Nur so können wir der zentralen personalen Dimension von guter Bildung, die auf die Individualitäten eingeht, gerecht werden. Hier scheint es mir *unabdingbar, vom konkurrierenden Föderalismus*, der in den letzten Jahren im Geist der Zeit vorgeherrscht hat, *zu einem kooperativen überzugehen*. Da Bildung im Übrigen die letzte wichtige Länderkompetenz darstellt, ist es notwendig, dass der viel finanzstärkere Bund vom Steueraufkommen mehr an die Länder abgibt, um ihnen eine Verbesserung der Bildung zu ermöglichen. Das wäre verfassungsmäßig möglich und ist eine Frage der politischen Priorität.

Aber daneben gibt es die *Erneuerung unserer Lernkultur*, die sich auch bei schlechterer Finanzierung positiv auswirken würde. Allerdings wird sie vom „Massenbetrieb" in der Bildung erheblich unterminiert, der den Rückfall in die Hilflosigkeit autoritärer Lernkultur begünstigt – zuungunsten von Lehrenden und Lernenden. Bei beiden führt dies zu unfruchtbarem Stress. Immerhin könnte die Einsicht in die massiven Mängel unserer gegenwärtigen Lernkultur die Argumente für eine bessere Finanzierung verstärken. Wenn wir unter den Bedingungen globalisierter Wirtschaft nicht weiter kostbares Bildungspotenzial verschleudern, wenn wir das Unglück von Familien, die durch die Schulkonkurrenz gestresst sind, überwinden, wenn wir unsere Gesellschaft öffnen wollen für kulturelle Innovationen, wenn wir damit auch den gesellschaftlichen Zusammenhalt, unsere Wirtschaft und unsere Demokratie stärken wollen, dann reicht es nicht, nur nach besserer finanzieller Ausstattung zu rufen. Dann müssen wir die Weichen in der Bildung insbesondere für eine neue Lernkultur, überhaupt für kulturelle Innovationen stellen.

Wir müssen eine Politik und Kultur der Bildung voranbringen, die von Defiziten auf Potenziale, von den Mängeln auf die Stärken schaut, von Selektion und Exklusion zur Inklusion übergeht, die sich nicht auf Eliten und Konkurrenz fixiert, sondern alle Menschen von ihrem frühesten Kindesalter an unter dem Aspekt ihrer positiven, je eigenen und deshalb durchaus unterschiedlichen Fähigkeiten und Potenziale in den Blick nimmt.

Abweichungen sind dann nicht von vornherein störend. Die unreflektierte, oft kulturell einseitig geprägte Norm selbst wird in ihrer gleichmacherischen, häufig brandmarkenden Wirkung zurückgenommen zugunsten der Bejahung individueller Potenziale und Entwicklungspfade. Die Illusion wird überwunden, dass Lerngruppen möglichst homogen sein sollten. Stattdessen erhält die belegte Einsicht Raum, dass Unterschiede Reichtum bedeuten, dass sie Lernen befördern, so wie wir im Wirtschaftsleben neuerdings das hohe Lied der „Diversity" im Vorstand singen hören, wo es ja ebenfalls um (lebenslanges) Lernen geht. Sondernde Förderschulen können dann durch integrierte Schulen ersetzt werden, die von der UNO längst verlangt werden und in denen individualisierter Unterricht mit sozialer Inklusion einhergeht.

Dieser Blick verlangt zugleich, Menschen von Anfang an in ihrer Eigentätigkeit, ihrer Fähigkeit zum lebenslangen eigenständigen Lernen zu stärken, mit allem was dies auch an Zeit erfordert, Fehler zu machen und Umwege zu gehen, aus denen man häufig besonders viel lernen kann. Das wiederum zieht eine Entschleunigung des Lernprozesses nach sich, der in den letzten 20 Jahren zunehmend unter zeitlichen Druck gesetzt worden ist, die Persönlichkeitsentwicklung und Urteilsfähigkeit der jungen Menschen vernachlässigt und anstelle kritischer Eigenständigkeit geschickte Anpassungsbereitschaft an unreflektierte Vorgaben belohnt hat. Die „verlorene" Zeit macht sich vermutlich in der erworbenen Fähigkeit „bezahlt", das Lernen aus eigenem Antrieb zu unterstützen, auf das wir für die Zukunft dringend angewiesen sind.

Lernen hat in den letzten Jahren immer weniger Spaß gemacht, die Familien in Angst- und Zeitstress versetzt und sich abgekoppelt von langfristigen Gesichtspunkten unserer individuellen, gesellschaftlich-kulturellen, ökonomischen und politischen Entwicklung. Im wohlverstandenen Interesse müssen wir den vorgestellten Perspektivwechsel entschieden und beherzt vornehmen, *müssen uns grundsätzlich von den Defiziten weg auf die Potenziale der jungen Menschen konzentrieren.* Auf diesem Wege, weil ihr Selbstbewusstsein dann steigt, können wir auch ihre Defizite erfolgreicher angehen.

Das erfordert nicht zuletzt einen neuen Blick auf die Ausbildung für Erziehungsberufe (einschließlich der LehrerInnen). Eine Mehrheit in der Bildungspolitik meinte lange Zeit (nicht ohne eigene materielle Interessen!), dass eine wissenschaftliche Ausbildung für Kindergarten oder Vorschule nicht nötig sei, weil das dort zu Lernende einfachen Zuschnitts sei. Inzwischen wissen wir, wie wichtig für das lebenslange Lernen gerade frühkindliche Erfahrungen sind, die den Kindern vermitteln, dass sie nicht nur gemocht, sondern auch in ihren zu fördernden Potenzialen erkannt werden. Und umgekehrt, dass zureichende soziologische und psychologische Kenntnisse vorhanden sein müssen, um Benachteiligungen zu entdecken, wenn möglich zu kompensieren und nicht zuletzt mit den Familien zu sprechen. Hier spielt die zunehmende Vielfalt in unseren Gesellschaften eine zusätzlich wichtige Rolle, weil wir als KindergärtnerInnen oder ErzieherInnen nicht mehr einfach von unseren eigenen Kindheitserfahrungen ausgehen können.

Mit der positiven Annahme von Vielfalt und Andersheit ("Diversity") entsteht auch die Chance, von der normorientierten und dadurch hierarchischen Differenzierung, die gleichmacherisch alle an *einem* Maßstab misst, zur horizontalen überzugehen. Unsere Sicht einer gelungenen, einer guten Gesellschaft würde nicht "oben" und "unten" verfestigen, sondern den Reichtum horizontaler Pluralität zum Bewusstsein bringen. Lernen würde befördert, weil die jungen Menschen, die sich in unserer elitenorientierten Politik keine Chance mehr ausgerechnet und deshalb durchaus "rational" ihre Motivation verloren haben, in einem horizontal differenzierten Arbeitsmarkt, auf den sie sich einzustellen vermögen, wieder einen Zukunftsort für sich entdecken können. Eine so ausgerichtete soziale und demokratische Bildungspolitik im Sinne der gleichen Chancen und der Überwindung von Bildungsarmut würde auch wieder

Anschluss finden an die Tradition der großen Bildungs-
theoretiker, denen der systematische Zusammenhang
von Bildungs- und Gesellschaftsideal bewusst war.
Deshalb sollte der früher durchaus verständliche Slogan
„Aufstieg durch Bildung!", über dessen problematische Implikationen ich anfangs gesprochen habe, abgelöst werden durch denjenigen der *„Teilhabe durch Bildung!"*. Er ist
nicht nur realistischer, weil Bildung eben keinen Aufstieg mehr sichern kann. Er passt auch weitaus besser
zu einer sozialdemokratischen Vorstellung von gelungener Gesellschaft, in der das „gute Leben" eben nicht
in hierarchischer Unter- und Überordnung verläuft, sondern im Miteinander von Vielfalt, die in der Wirtschaft
natürlich Wettbewerbe pflegt, aber im Horizont einer
geselligen Gemeinsamkeit, in der die gleiche Würde
und Freiheit der Individuen gelebt werden kann. „Teilhabe durch Bildung" folgt und entspricht zugleich der
demokratischen Idee der Bürgerteilhabe im Beruf, im
kulturellen Leben wie in der politischen Entscheidung
über unsere gemeinsamen Angelegenheiten.
Nun höre ich sofort den Einwand, dass wir uns mit einer solchen Bildungsvorstellung, die auf die Individualität aller und ihre Talente eingehen will, im globalen
Wettbewerb nicht durchsetzen, diesem aber auch nicht
entfliehen können. Vor allem fehle uns dafür das Geld.
Das letzte stimmt bisher, freilich ließe sich in einem
kooperativen Föderalismus auch eine Umschichtung
der Bildungsfinanzen denken, wenn wir dies politisch
wirklich wollen. Wir hätten damit eine große Mehrheit
von Eltern und Schülern hinter uns, die unter dem gegenwärtigen Bildungssystem und dem Stress, den es in
den Familien auslöst, leiden. Was den globalen Wettbewerb angeht, so läuft mein Vorschlag einer vor allem

auch *kulturellen* Wende nicht auf ein Nullsummenspiel hinaus, sondern auf eine „Win-Win"-Situation. Weil hohe Leistungen keineswegs daraus erwachsen, dass im Ergebnis scharfer Wettbewerbe an einigen Stellen geklotzt wird (vgl. den internationalen Evaluationsvergleich zur Exzellenzinitiative), weil die Förderung von Potenzialen vor allem einen bisher verlorenen Schatz zu heben verspricht, den wir bisher vergeuden, würde uns eine solche neue Lern- und Bildungskultur auch unter der Bedingung des globalen ökonomischen Wettbewerbs nur zum Vorteil gereichen. Die Finnen haben es uns vorgemacht. Übrigens mit einer sehr viel höheren Staatsquote als wir sie haben.

Freilich müssen wir uns auf zusätzliche Finanzierungen für die Individualisierung des Unterrichts einigen. Dafür müssen wir dann auch kämpfen. Wenn wir das wirklich tun, finden wir ganz sicher die notwendige Unterstützung. Die zentrale Idee, die unserer Demokratie zugrunde liegt, behauptet, dass wir zusammen weiter kommen, als wenn jeder für sich allein sein Heil sucht. Die Privatisierungseuphorie der letzten Jahrzehnte ging in die umgekehrte Richtung: Jeder sorge für sich, und wenn es schief geht – und die Krisen der letzten Jahre zeigen, dass es immer wieder schiefer geht – herrscht das Prinzip: Rette sich wer kann. Wer es nicht schafft, hat selbst daran schuld.

Damit kreidet man den einzelnen Menschen ein Versagen an, das sie vielfach nicht selbst zu verantworten haben. Gerade die Sozialdemokratie muss hier sorgfältig unterscheiden und darf einer allgemeinen Faulheits- oder Schmarotzerunterstellung der Erfolglosen nicht das Wort reden. Denn die Erfolgreichen behaupten gern, dass der Erfolg aus ihrer Leistung rührt. Davon kann aber in unserer Gesellschaft generell keineswegs die Rede sein.

Hier ist, so scheint mir, zum Schluss ein klärendes Wort zur Verantwortung der Einzelnen in der Gesellschaft und für sie angebracht. In den letzten Jahren hat der Begriff „Selbstverantwortung" eine große Karriere gemacht. Das ist ein mehrdeutiges Wort. Es weist einerseits darauf hin, dass jeder für sich verantwortlich ist und man seine eigene Verantwortung nicht einfach auf die Gesellschaft oder auf äußere Zwänge abschieben darf. In der Tat geht sozialdemokratische Politik, gehe auch ich persönlich davon aus, dass jeder Mensch zur Freiheit geboren ist und deshalb auch Verantwortung für sein Leben und für die Umwelt trägt, in der und von der er lebt.

Wie weit diese Verantwortung reicht und wo unsere individuelle Hilflosigkeit beginnt, ist eine philosophisch oder allgemein psychologisch schwer zu entscheidende Frage. Praktisch hängt viel davon ab, ob wir uns verantwortlich *fühlen* und nach bestem Vermögen danach handeln. Jedenfalls sind wir alle, aber besonders diejenigen, die Macht und Einfluss ausüben, in einer freiheitlichen Gesellschaft dazu aufgerufen, uns nach unserer Verantwortung befragen zu lassen. Der Gesellschaft für eigenes Versagen einfach die Schuld zu geben, wird diesem Anspruch nicht gerecht.

Andererseits ist unser eigener Einfluss auf unser Leben immer begrenzt und jede sozialwissenschaftliche Untersuchung, die ein typisches Verhalten unter bestimmten systemischen Bedingungen ermittelt, argumentiert plausiblerweise mit dieser Begrenzung. Gerade wenn es uns auf die Stärkung von Verantwortung ankommt, liegt es nun nahe, unser Vermögen dazu durch eine möglichst umfassende Bildung zu stärken. Darauf zielt das hier propagierte Bildungsverständnis eben ab, und zwar für *alle* Bürgerinnen und Bürger, nicht nur für eine kleine Elite, der die anderen sich unbesonnen anzuschließen hätten. Es zielt nicht auf eine naiv aufklärerische Steuerung der Gesellschaft durch den Staat, sondern auf die Stärkung aller Individuen zugunsten ihres besseren freien und zugleich gemeinsamen Handelns.

Die hier vorgetragene bildungspolitische Position wendet sich deshalb auch gegen ein in den letzten Jahren um sich greifendes Verständnis von „Selbstverantwortung", das sich im Zuge der Privatisierungsphilosophie der beiden letzten Jahrzehnte auf den individuellen Einzugsbereich und die eigenen Interessen beschränkt. Denn es konterkariert die Einstellung eines Bürgers im Sinne des demokratischen citoyen (nicht des bourgeois!), die von uns auch eine politische, das Gemeinwohl umfassende Verantwortung verlangt.

Zu den verheerenden, aber durchaus systemischen Konsequenzen der zur Vorherrschaft gelangten Privatisierungsideologie mit der Folge der Ehrgeiz- und Wettbewerbskultur und dem bis ins Persönliche hineinreichenden betriebswirtschaftlichen Kosten-Nutzen-Kalkül gehört dagegen die borniert Konzentration auf das Partikularinteresse, auf den eigenen Wettbewerbsvorteil, der durch eine weiterreichende Verantwortung gestört werden könnte. So wird die Behauptung, Leistungswettbewerbe erzögen zu individueller Anstrengung und Verantwortung de facto widerlegt: *Das verabsolutierte Konkurrenzprinzip führt im Gegenteil zur strukturellen Verantwortungslosigkeit.*

Die der Privatisierungsideologie zugrunde liegende Annahme, dass die Gesellschaft überwiegend aus Schmarotzern bestünde und dass man die Menschen ganz allgemein durch Druck davon abbringen müsste, auf Kosten anderer zu leben, geht von einem durchweg negativen autoritären Menschenbild aus, auf dem eine freiheitliche Demokratie jedenfalls nicht aufbauen kann. Wohlgemerkt: Wir wollen durchaus höchstmögliche, ja Spitzenleistungen erbringen. Aber nicht im Vergleich zu den anderen, sondern zum eigenen Potenzial. Und immer mit Blick auf die inhaltliche, notwendig wertende Begründung dafür, in Bezug auf welchen Zweck die Leistung jeweils, auch im größeren Kontext, gut und erforderlich ist.

Dieser Gemeinwohlbezug von Leistung wiederum rechtfertigt die notwendigen Bildungsausgaben, weil eine so verstandene *Bildung eben kein rein privates* Gut ist, das ausschließlich dem eigenen Fortkommen dient, *sondern immer auch ein öffentliches Gut*, das *die Chance für alle steigert, die im gemeinsamen Handeln liegt.* Das ist die Grundlage unseres demokratischen Gesellschaftsvertrages. Selbst im Wirtschaftsleben, in dem Wettbewerb und Partikularinteresse ihre legitime und unverzichtbare Funktion haben, können wir uns angesichts der globalen Interdependenz nicht mehr einfach auf eine partikularistische betriebswirtschaftliche Gewinnperspektive beschränken, wenn wir verantwortlich handeln wollen.

Die Verabsolutierung von Konkurrenz und kurzfristigem Gewinn hat eine systemische Verantwortungslosigkeit forciert, die auch die kulturelle Wurzel der letzten Finanzkrise ausmacht. Sie muss durch eine neue Bildungspolitik überwunden werden und darf sich nicht weiter hinter einer privatistischen Pseudo-Verantwortungs- und Leistungsideologie verstecken, die wirklicher Verantwortung wie Leistungsgerechtigkeit Hohn spricht.

Die Zeit ist reif für einen Perspektivwechsel in der Bildungspolitik. Das treibt viele Menschen um. Dafür lasst uns alle streiten geschwisterlich mit Herz und Verstand!

Literatur

Wilhelm von Humboldt, Über die innere und äußere Organisation der höheren wissenschaftlichen Anstalten in Berlin, in: Ders., hrsg. und einleitet von Heinrich Weinstock, Frankfurt/Main 1957, S. 126–134.

Wilhelm von Humboldt, Theorie der Bildung des Menschen, in: Humboldt, S. 56–59.

Wilhelm von Humboldt, Ideen zu einem Versuch, die Grenzen des Staates zu bestimmen, in: Humboldt, S. 21–55.

Friedhelm Neidhardt, Einschätzungen und Nachfragen, in: Stephan Leibfried (Hrsg.), Die Exzellenzinitiative. Zwischenbilanz und Perspektiven, Berlin-Brandenburgische Akademie der Wissenschaften, Frankfurt am Main/ New York 2010.

Jochen Gläser, Peter Weingart, Die Exzellenzinitiative im internationalen Kontext, in: Stephan Leibfried (Hrsg.), S. 233–258.

Heike Solga, Der Blick nach vorn: Herausforderungen an das deutsche Ausbildungssystem. Thesenpapier zum Symposium des WZB am 19.11.2009, Discussion Paper SP I 2009-507, November 2009, Wissenschaftszentrum Berlin für Sozialforschung WZB.

Berufsbildung im Umbruch. Signale eines überfälligen Aufbruchs. Friedrich-Ebert-Stiftung, Bonn 2007.

Heike Solga, Rosine Dombrowski, Arbeitspapier 171 der Hans Böckler Stiftung zu „Bildung und Qualifizierung". Soziale Ungleichheiten in schulischer und außerschulischer Bildung. Stand der Forschung und Forschungsbedarf. Düsseldorf 2009.

Manfred Spitzer, Lernen. Die Entdeckung des Selbstverständlichen. Eine Dokumentation von Reinhard Kahl. Archiv der Zukunft, ohne Ort und Jahr.

Manfred Spitzer, Lernen. Gehirnforschung und die Schule des Lebens, Heidelberg 2007.